Vermögens-
bildung
mit System

Werner Schwanfelder

Vermögens- bildung mit System

Anlageformen
Strategien
Spartipps
Altersvorsorge

Im FALKEN Verlag sind zahlreiche Titel zum Thema „Finanzen" erschienen. Sie sind überall erhältlich, wo es Bücher gibt.

Sie finden uns im Internet: **www.falken.de**

Bei diesem Buch handelt es sich um eine aktualisierte und neu gestaltete Ausgabe des bereits unter dem Titel „Alles, was man über Vermögensbildung wissen muss" mit der ISBN-Nummer 3-8068-1445-7 erschienenen Buches.

Dieses Buch wurde auf chlorfrei gebleichtem und säurefreiem Papier gedruckt.

Der Text dieses Buches entspricht den Regeln der neuen deutschen Rechtschreibung.

ISBN 3 8068 2278 6

© 1999 by FALKEN Verlag, 65527 Niedernhausen/Ts.

Umschlaggestaltung: Peter Udo Pinzer
Redaktion: Dr. Werner Brand
Herstellung: Sabine Vogt
Titelbild: IFA-BILDERTEAM, Diamond, München

Die Ratschläge in diesem Buch sind von dem Autor und vom Verlag sorgfältig erwogen und geprüft, dennoch kann eine Garantie nicht übernommen werden. Eine Haftung des Autors bzw. des Verlags und seiner Beauftragten für Personen-, Sach- und Vermögensschäden ist ausgeschlossen.

Satz: Raasch & Partner GmbH, Neu-Isenburg
Druck: Ludwig Auer GmbH, Donauwörth

817 2635 4453 6271

Inhaltsverzeichnis

Über die Geldanlage 6
Wie werde ich Millionär? 6
Die strategische Geldanlage –
was ist das? 8
Wie viel Risiko verträgt man? 10
Kriterien zur Beurteilung
von Geldanlagen 13

**Beschreibung der einzelnen
Geldanlagen** 20

Der Antityp – die Anlage(un)art 21
Sparstrumpf 21

Rund um das Konto 23
Girokonto 23
Sparbuch 26
Termingelder 33
Termingelder (ausländische
Valuta) 38
FIBOR-Sparen 40

Rund um Anleihen 43
Sparbrief 45
Bundesschatzbriefe 49
Finanzierungsschätze 52
Bundesanleihen und Bundes-
obligationen 54
Pfandbriefe und Kommunal-
obligationen 59
Industrieanleihen 61
Bankanleihen 63
Finanzinnovationen 65
   Floater 66
   Gleitzinsanleihen 68
   Zero-Bonds 71
   Annuitäten-Bonds 73
   Ewige Anleihen 75

DM-Auslandsanleihen 76
Wandelanleihen 83
Optionsanleihen 88
Genussscheine 90
Fonds 93
Rentenfonds 99

Rund um Aktien 104
Aktien 104
Optionsgeschäfte (Warrants) 114
Aktienfonds 120
Financial Futures 124

Rund um Immobilien 125
Bausparen 125
Immobilien 130
Immobilienfonds 133

*Rund um Lebens-
versicherungen* 137
Gemischte Lebens-
versicherung 138
Lebensversicherung als Rentenversicherung 141
Fondsgebundene Lebens-
versicherung 141

*Zusammenfassung: alle Geld-
anlagen im Überblick* 144

Die Anlagestrategie 146
Die persönliche Vermögens-
und Finanzplanung 146
Schritte zur persönlichen
Anlagestrategie 147

Glossar 152

Register 162

Über die Geldanlage

Wie werde ich Millionär?

Wie werde ich Millionär? Erschien diese Frage vielen Menschen vor einigen Jahren noch als Provokation, leben heute bereits mehr Millionäre unter uns, als wir ahnen. Keiner zählt sie mehr. Wir haben uns an die Millionäre gewöhnt. Allerdings muss man auch darauf hinweisen, dass es mit der Umstellung auf Euro schwieriger geworden ist, Millionär zu werden: Es ist fast doppelt so schwer geworden (1 Euro = 1,95583 DM).

Einige einfache Beispiele:
■ Viele Menschen zahlen für ein normales Haus in einem Ballungsgebiet einen siebenstelligen Betrag. Am Anfang ist dieser Immobilienbesitz zwar häufig noch auf Schulden aufgebaut. Doch irgendwann wird auch die letzte Mark getilgt. Dann ist man „uneingeschränkter" Eigentümer – und Millionär.
Also ist die Frage berechtigt:
Wie werde auch ich Millionär?
■ In vielen Presseartikeln wird über die Generation der Erben berichtet. Größere und kleinere Beträge werden vererbt. Nach einer Umfrage beträgt jede vierte Erbschaft 400.000 DM und mehr. Nicht selten beläuft sich der Nachlass auf einen siebenstelligen Betrag.
In diesem Fall lautet die Frage:
Wie bleibe ich Millionär?

■ Bestens ausgebildete junge Menschen beginnen mit ihrem Berufsleben. Jahresgehälter von 80.000 bis 100.000 DM sind auch für Berufsanfänger nicht unbedingt eine Seltenheit. Mit etwas Ausgabedisziplin können sie einen Teil ihres Gehaltes sparen oder „anlegen". Die jungen Leute haben gelernt strategisch zu denken.
Sie werden wiederum fragen:
Wie werde ich Millionär?
■ Das Anspruchsdenken ist gestiegen. Das jährliche Haushaltsbudget einer Familie kann durchaus 100.000 DM erreichen. Tritt ein Arbeitnehmer in den verdienten Ruhestand, ohne dabei auf den gewohnten Lebensstandard verzichten zu wollen, benötigt er mindestens ein Grundkapital von einer Million Mark, um bei einer optimistisch angesetzten Rendite von 10 % im Jahr das gewohnte Haushaltsbudget zu erhalten. War der Arbeitnehmer rentenversichert, kann er das Grundkapital entsprechend niedriger ansetzen.
Hier stellt sich für den Arbeitnehmer die zwingende Frage:
Wie werde ich Millionär, um das Rentnerdasein abzusichern?

Faktoren der Vermögensbildung

Jedes Vermögen wird durch drei Faktoren bestimmt:
■ Sparbetrag
Wie viel kann ich sparen?

■ Ertrag
Welche Rendite wirft das angelegte Geld ab?

■ Zeit
Wie lange soll das Kapital angelegt werden?

Spart jemand ab seinem 16. Lebensjahr monatlich 10 Mark und erhält er – angenommen – einen Ertrag von 10 % im Jahr, so verfügt er

im **35. Lebensjahr** über ein Guthaben von   7.245 DM,
im **50. Lebensjahr** über ein Guthaben von   34.285 DM,
im **65. Lebensjahr** über ein Guthaben von   147.234 DM.

Auch die umgekehrte Frage lässt sich beeindruckend beantworten: .
Wie viel muss man monatlich sparen, um ein Vermögen von einer Million zu erreichen?

Beginnt jemand im 16. Lebensjahr zu sparen und spart er konsequent jeden Monat 583 DM, so verfügt er nach 30 Jahren, bei einer durchschnittlichen Rendite von 9 % (nach Steuern), über eine Million Mark.

Zahlenbeispiele zur Vermögensbildung

| Sparzeit in Jahren | So viel muss man monatlich sparen, um bei einer Rendite (nach Steuern) von | | | |
| | 3 % | 6 % | 9 % | 12 % |
	ein Vermögen von einer Million Mark zu erreichen.			
40 Jahre	1.088 DM	522 DM	235 DM	43 DM
30 Jahre	1.724 DM	1.021 DM	583 DM	324 DM
20 Jahre	3.052 DM	2.194 DM	1.553 DM	1.086 DM
10 Jahre	7.153 DM	6.123 DM	5.230 DM	4.459 DM

Das vorliegende Buch bietet das notwendige Grundwissen, mit dem auch Sie ein Vermögen erwerben können.

HINWEIS Der Ordnung halber soll darauf hingewiesen werden, dass es bisher nicht so viele Anlagemillionäre gibt. Anlagemillionäre sind solche Personen, die eine Million DM und mehr angelegt haben. Auf 26 Millionen private Haushalte in den alten Bundesländern kommen gerade 170.000 Anlagemillionäre. Vermut-

lich haben die anderen dieses Buch nicht gelesen …

Vermögensbildung ist Altersvorsorge
Welche Art der Vermögensanlage ist für die Altersvorsorge geeignet? Die Antwort lautet: grundsätzlich jede. Nicht jede Art der Vermögensbildung eignet sich jedoch für die individuelle Altersvorsorge eines Einzelnen. Dieses Buch soll Ihnen helfen zu differenzieren.

Die strategische Geldanlage – was ist das?

Dieses Buch befasst sich mit dem Thema „Geldanlage". Was versteht man darunter?

Der Begriff „Geldanlage" hat viele Gemeinsamkeiten mit dem Begriff „Sparen". Sparen wiederum ist nichts anderes als „Vorsorge treffen". Und Vorsorge trifft fast jeder, der vorausschauend denkt.

Also wäre zu folgern: Fast jeder beschäftigt sich mit Geldanlage. Die Aussage ist tatsächlich nicht übertrieben. Geldanlage beginnt, sobald jemand den ersten Spargroschen „anlegt", im Allgemeinen auf einem Konto spart.

Warum wird gespart? Die Antwort ist einfach: Man spart, um sich zu einem späteren Zeitpunkt etwas zu leisten, was man sich anscheinend ohne zu sparen nicht leisten kann. Die Sparziele sind dabei individuell sehr unterschiedlich:

- Der Student spart auf eine Reise.
- Die Familie spart auf ein Haus.
- Der Arbeitnehmer spart auf die Sicherung seiner Rente.

Jeder Sparvorgang ist gleichzeitig Geldanlage; er führt aber nicht unbedingt zur Vermögensbildung. Der Student, der auf eine weite Reise spart, mag diese genießen, aber er bildet kein Vermögen. Die Familie, die auf ein Eigenheim spart, bildet Vermögen, selbst wenn sie allein in ihrem Häuschen lebt und damit aus dem Vermögen keinen Ertrag zieht. Der Arbeitnehmer, der Geld anlegt,

um seine Rente zu sichern, bildet Vermögen und erhält darauf Zinsen. Von den Zinsen und seinem angesparten Kapital wird er einmal seine Rente aufbessern.

Die Sparziele werden, neben den sicherlich sehr individuellen Wünschen, von zwei wichtigen Parametern bestimmt:

- dem Lebensalter und
- dem verfügbaren Sparbetrag.

Beide Parameter stehen zueinander in einer gewissen Beziehung.

Das **Lebensalter** kann man zunächst ganz grob unterteilen in:

- Jugend- und Ausbildungszeit,
- Erwerbszeit und
- Alters- und Rentenzeit.

In der **Jugend- und Ausbildungszeit** verfügt man nur über relativ geringe Einkünfte. Man muss sich weitgehend „ernähren" lassen. Dies übernehmen zunächst die Eltern, später beteiligen sich der Staat (Schulausbildung) und die Wirtschaft (Lehre). In dieser Zeit kann man nicht allzu viel sparen. Die Sparziele sind relativ bescheiden. Man legt Geld zurück zum Beispiel für eine Reise, ein Moped oder ein Kleidungsstück. Sparziele sind im Allgemeinen Konsumgegenstände. Dieses Sparen ist zwar der Anfang von Geldanlage, aber noch keine Vermögensbildung.

Während der **Erwerbszeit** verdient man. Dieser Zeitraum gilt allgemein als Sparphase. Sie ist allerdings geprägt von äußerst unterschiedlichen Sparzielen, sodass diese Phase nochmals zu unterteilen ist in:

- Nachholzeit,
- Familiengründung,
- Konsolidierung und
- Vermögensbildung.

Nachholzeit: Zu Beginn des Erwerbslebens ist man häufig noch ledig und verdient relativ viel im Vergleich zu den Ansprüchen. Der Arbeitnehmer ist also in der Lage zu sparen. Die Sparziele spiegeln einen gewissen Nachholbedarf aus der Jugendzeit. Was man sich damals nicht leisten konnte, holt man jetzt nach. Bestes Beispiel ist der Kauf eines Autos.

Familiengründung: Anschließend gründet man in der Regel eine Familie. In dieser Zeit wächst zwar das Einkommen, aber auch die Ausgaben steigen. Sparziel sind Haushaltsgegenstände vom Esstisch bis zur Kücheneinrichtung, von der Stereoanlage bis zum Wickeltisch. Häufigstes und wichtigstes Sparziel ist ein eigenes Haus, anscheinend noch immer Traum vieler Deutscher.

Sowohl das Auto wie auch das Haus sind Sachwerte und damit Vermögen. Diese Vermögensbildung ist in ihrer Qualität jedoch unterschiedlich. Während der Wert des Autos sinkt, steigt der Wert eines Hauses im Allgemeinen an.

Konsolidierung: In der Konsolidierungsphase werden die Schulden abgebaut. Das Einkommen wächst noch leicht an und pendelt sich dann auf einem bestimmten Niveau ein.

Vermögensbildung: Sind die Schulden getilgt, kann „richtig" gespart werden. Geldanlage dient der Vermögensbildung „pur". Vermögensbildung steht jedoch nicht für Selbstzweck, sondern dient in dieser Phase der Sicherung der Alters- und Rentenzeit. Wird das Vermögen in dieser Zeit nicht „verbraucht", fällt es an die „lachenden" Erben.

HINWEIS Für die Altersvorsorge spart der rentenversicherte Arbeitnehmer ohnehin von Beginn seiner Erwerbszeit an. Das geschieht nicht immer ganz freiwillig, sondern unter staatlichem Zwang. Auch funktioniert die Rentenversicherung nicht nach den Regeln der Geldanlage, sondern im Sinne eines Generationenvertrags, dessen Konditionen nicht immer – das hat bereits die Vergangenheit gezeigt – genau kalkulierbar sind.

In der dritten Lebensphase, der **Alters- und Rentenzeit**, erhält man kein regelmäßiges Einkommen aus einem Beschäftigungsverhältnis. Dies kann im Sinne dieser Definition bedeuten, dass die Phase sehr früh beginnt (wenn bereits Vermögen vorhanden ist und man von diesem Kapital lebt); sie kann aber auch sehr spät oder gar nicht beginnen (wenn man gezwungen ist im Alter noch hinzuzuverdienen). In dieser Phase ist die Strategie der Geldanlage ebenfalls von größter Bedeutung, wobei das Ziel wohl eher die Vermögenserhaltung als der Vermögensaufbau ist.

Unter strategischer Geldanlage versteht man nicht mehr und nicht weniger als „überlegt sparen".

Übersicht über die Sparformen der Deutschen

Gesamtdeutsches Geldvermögen 1997 5 Billionen DM	100%
Spareinlagen 1.166,5 Mrd. DM	23%
Anlagen bei Versicherungen 1.163 Mrd. DM	23%
Festverzinsliche Wertpapiere 757,8 Mrd. DM	15%
Termingelder und Sparbriefe 363,4 Mrd. DM	7%
Bargeld, Girokonten 461 Mrd. DM	10%
Aktien 443 Mrd. DM	9%
Bauspareinlagen 173,9 Mrd. DM	3%
Geldmarktpapiere 2,8 Mrd. DM	0%
Investmentzertifikate 468,3 Mrd. DM	10%

Früher war das Sparen einfacher. Es gab nicht so viele und nicht so unterschiedliche Sparformen. Die notwendigen Entscheidungen waren daher eher überschaubar.

Heute gibt es unterschiedlichste Sparmöglichkeiten, unter denen zu wählen ist. Man wird sich in vielen Fällen nicht eindeutig für eine bestimmte entscheiden, sondern einige sich ergänzende Sparformen auswählen. Die geplante Auswahl von verschiedenen Möglichkeiten bezeichnet man als Anlagestrategie, das ausgewählte Bündel von Sparformen als Anlagemix.

Die Geldanlage ist mehr als nur ein Sparkonto. Dieses Buch will die Alternativen dazu aufzählen.

Noch sparen die meisten Deutschen auf ein Sparkonto. Das Sparbuch ist der auflagenstärkste Bestseller aller Zeiten. Die deutsche Hitliste der Sparformen zeigt sich in der Übersicht auf dieser Seite oben.

Wie viel Risiko verträgt man?

Vor der Anlagestrategie muss man sich über den eigenen Anlagetyp Gedanken machen. Der Anlagetyp bestimmt sich durch die Bereitschaft zur Risikoübernahme. Also: Wie viel Risiko kann man oder will man in der Anlagestrategie akzeptieren?

Ein gewisses Risiko liegt in jeder Geldanlage begründet. Man muss sich daher auf jeden Fall der Frage nach dem Risiko stellen.

Es besteht eine Wechselbeziehung zwischen Risiko und Rendite. Je höher das Risiko, desto höher die Rendite, je geringer das Risiko, desto geringer die Rendite. Diese Aussage stimmt aber nur tendenziell, das heißt, man kann keine lineare Ableitung aufstellen.

Will man mit seinem Vermögen also eine bestimmte Rendite erzielen, muss man gleichzeitig ein gewisses Maß an Risiko akzeptieren. Erst in der richtigen Mischung liegt der Erfolg.

Die **Bereitschaft zur Risikoübernahme** ist von folgenden Parametern abhängig:

Alter: Junge Leute können ein höheres Risiko eingehen als ältere Personen. Sie können zum Beispiel Aktienschwankungen aussitzen, müssen auch im Konjunkturtief nicht unbedingt nervös reagieren. Anleger über 50 Jahre werden auf Sicherheit achten und von Aktien auf Anleihen übergehen. Wer jedoch sein Vermögen vererben will, hat Zeit gewonnen. Auch er kann Aktienschwankungen gelassen hinnehmen und auf den richtigen Verkaufsaugenblick warten.

Vermögen: Je höher das Vermögen, desto mehr Risiko kann eingegangen werden. In jeder Anlagestrategie wird man einen bestimmten Anlagebetrag als Risikopotenzial einsetzen. Die Summe ist – bezogen auf den absoluten Wert – natürlich höher, je größer das Vermögen ist. Dies führt jedoch nicht unbedingt dazu, einen prozentual höheren Risikoanteil in den Anlagemix aufzunehmen.

Einkommen: Wichtig ist die Höhe des Einkommens. Je höher das Einkommen, desto mehr kann man in die Vermögensbildung investieren und ein desto höheres Risiko kann man eingehen. Wichtig ist neben dem Bruttoeinkommen das Nettoeinkommen, das für die Geldanlage verfügbare Einkommen und natürlich das Konsumverhalten. Schulden werden als „negatives Einkommen" betrachtet: Zinsen und Tilgung mindern die verfügbaren Einnahmen.

Bruttoeinkommen, Nettoeinkommen, verfügbares Einkommen: Wer mehr verdient und mehr Geld zum Sparen zur Verfügung hat, kann auch mehr Geld anlegen, also mehr Risiko übernehmen.

Einkommenssicherheit: Je höher die Einkommenssicherheit ist, desto mehr Risiko kann man eingehen. Wer hingegen um seinen Arbeitsplatz bangen muss, ist gezwungen vorsichtiger zu agieren.

Konsumverhalten: Will man sein Leben spontan genießen, muss man ausreichend Geld verfügbar halten. Dann wird man bei der Geldanlage weniger Risiko eingehen und Festgelder Aktien oder langfristigen Rentenpapieren vorziehen.

Schuldenstruktur: Ist man nur Verbindlichkeiten für Sachwerte oder Immobilien eingegangen, kann man sich mehr Risiko leisten.

Anlagehorizont: Je länger man Geld anlegen will, desto mehr Risiko kann man eingehen. Wer weiß, dass er sein Geld in einem halben Jahr benötigt, darf eigentlich keine Aktien kaufen, weil er nicht auf den richtigen Verkaufszeitpunkt warten kann.

Mit diesen Kriterien könnte man das Risikoverhalten weitgehend objektivieren. Aber jeder Mensch unterliegt auch einem individuellen Risikoempfinden. Die gleiche Geldanlage wird von verschiedenen Personen durchaus unterschiedlich beurteilt.

Das unterschiedliche Risikoempfinden (oder sollte man es „persönlicher Wagemut" nennen?) liegt in der Person des Geldanlegers.

Man kann sich noch so stark um eine Objektivierung des Risikos bemühen, letztendlich wird die Beurteilung unterschiedlich ausfallen. Dies trifft selbstverständlich auch auf die Risikobewertung der einzelnen Geldanlagen in diesem Buch zu.

Welcher (objektive) Risikotyp sind Sie?

Die beiliegende Checkliste soll Ihnen helfen sich selbst besser einzuschätzen. Kreuzen Sie in der Liste Ihre persönliche Ausprägung der Risikokriterien an. Die Summe der Punkte gibt Ihnen einen Hinweis auf Ihren Risikotyp. Wir verweisen auf den Risikotyp erneut im Kapitel „Die Anlagestrategie".

Checkliste für Ihren Risikotyp

Alter	20–35 Jahre	35–50 Jahre	über 50 Jahre
Punkte	5	3	1
Vermögen 1 Immobilien (abzüglich Kredite)			
Wert (in Tausend) *Punkte*	unter 100 1	100 bis 500 3	über 500 5
Vermögen 2 vorhandenes Anlagevermögen			
Wert (in Tausend) *Punkte*	unter 50 2	50 bis 200 3	über 200 4
Einkommen für Sparzwecke verfügbares Jahreseinkommen			
Wert (in Tausend) *Punkte*	unter 10 1	10 bis 30 3	über 30 5
Wie sicher ist der Job?			
Punkte	sehr sicher 3	mittel 2	weniger sicher 0
Konsumverhalten Wie groß ist das Bedürfnis, sich spontan Konsumwünsche zu erfüllen?			
Punkte	groß 3	mittel 2	gering 0

Schuldenstruktur Schuldenaufnahme erfolgte für			
Punkte	Konsumgegenstände 0	Sachwerte 3	
möglicher Anlagehorizont			
in Jahren *Punkte*	unter 2 0	2–5 3	über 5 5

Bitte ausfüllen und Punkte zusammenzählen, dann erhalten Sie Aufschluss über Ihren Risikotyp:

3–15 Punkte	Risikotyp A	sicherheitsbetont
16–22 Punkte	Risikotyp B	offen für viele Vorschläge
23–33 Punkte	Risikotyp C	risikofreudig

Merken Sie sich Ihr Ergebnis. Es wird im Teil „Die Anlagestrategie" wieder benötigt.

Kriterien zur Beurteilung von Geldanlagen

Lediglich mit einer Auflistung von Geldanlagemöglichkeiten ist dem „Strategen" nicht geholfen. Es ist notwendig, Kriterien zu nennen und zu beschreiben und mit ihnen die Geldanlagen zu beurteilen.

Diese Bewertung darf allerdings nicht als punktuelles Urteil verstanden werden, sondern stellt lediglich eine Einordnung in gewisse Bandbreiten dar. Aber bereits diese Bandbreiten helfen bei der Auswahl von einzelnen Geldanlagen.

Zwei Begriffe, die der **Beurteilung von Geldanlagen** dienen, wurden bereits erwähnt. Diese waren:

- das **Risiko** einer Geldanlage, oder positiv ausgedrückt, die **Sicherheit**, die eine Geldanlage auszeichnet, und
- die **Rentabilität** oder **Rendite** einer Geldanlage.

Wenn wir von einer Strategie der Geldanlagen reden, müssen wir noch ein drittes Kriterium hinzufügen, nämlich

- die **Liquidität**. Die Liquidität definiert die Möglichkeit der Umwandlung einer Geldanlage in Bargeld. Die Liquidität ist umso größer, je schneller diese Umwandlung vom Anleger realisiert werden kann.

Eine Rangfolge der Bewertungskriterien untereinander ist weitgehend abhängig von der individuellen Anlagestrategie. Im weiteren Verlauf dieses Buches legen wir folgende Reihenfolge fest:

- Liquidität,
- Sicherheit,
- Rentabilität.

Damit wollen wir ausdrücken, dass die Rendite als Zielgröße eine besonders hohe Bedeutung hat. Sie wird relativiert durch die weitgehend gegensätzliche Zielgröße Sicherheit. Die Liquidität bildet eine Rahmenbedingung, die zwar untergeordnet, aber im Einzelfall alles andere als unwichtig ist.

Liquidität
Die Liquidität einer Geldanlage wird bestimmt von folgenden Aspekten:
Mindestanlagebetrag: Ein Sparbuch kann man bereits mit fünf Mark eröffnen, manche Anleihen kann man ab 50 Mark erstehen. Will man in Aktien investieren, muss man mindestens eine Aktie kaufen. Bei Termingeldern sind die Mindestanlagebeträge höher. Festgelder kann man ab 10.000 DM anlegen; will man auf den Euromarkt gehen, muss man schon 100.000 DM verfügbar haben.
Laufzeit: Die Laufzeit einer Geldanlage ist die Periode, für die der Anleger das Geld aus seiner Verfügungsgewalt gibt. Über Gelder auf dem Girokonto kann man stündlich verfügen. Termingelder werden im Allgemeinen einen Monat festgelegt. Die Laufzeit mancher Anlagen betrug in der Vergangenheit bis zu 30 Jahre. Solche langen Laufzeiten vereinbart man heute nicht mehr. Die Laufzeiten unterscheidet man in kurz-, mittel- und langfristig. Als „kurzfristig" bezeichnet man Anlagen, über die man innerhalb eines Monats wieder verfügen kann. Der Begriff „mittelfristig" steht für zwei oder drei Jahre Laufzeit. Alle Anlagen über drei Jahre Laufzeit kann man heute durchaus als „langfristig" bezeichnen.

Geht man an die Börse, verwandelt man langfristige Geldanlagen (zum Beispiel den Anteil am Produktivvermögen eines Unternehmens) in kurzfristige Geldanlagen. Über die Börse kann man die entsprechenden Aktien (sofern sie dort ohne Einschränkungen gehandelt werden) auch wieder verkaufen. Dies trifft ebenso auf alle börsennotierten Fonds zu.
Kündigungsmöglichkeit: Eng mit der Laufzeit verknüpft ist die Kündigungsmöglichkeit. Zu unterscheiden ist zwischen einer Kündigung durch den Anleger und einer Kündigung durch den Emittenten. (Mit Emittent bezeichnet man denjenigen, der eine Anleihe ausgegeben hat, also ein Staat, eine Bank oder ein Unternehmen.)
Die Kündigung durch den Anleger spielt eine wichtige Rolle bei Termingeldern in Form von Kündigungsgeldern. Mit der Kündigung wird in diesem Fall die Laufzeit gestaltet. Bei Anleihen hat der Anleger keine Kündigungsmöglichkeit.
In einigen wenigen Fällen (insbesondere bei Auslandsanleihen) kann die

Geldanlage auch vom Geldnachfrager, dem Emittenten, gekündigt werden. Diese Geldanlage ist mit Vorsicht zu genießen: Der Geldnachfrager wird natürlich nur kündigen, wenn dies für ihn vorteilhaft ist. Dies bedeutet selbstverständlich umgekehrt, dass es dann für den Anleger mit Nachteilen verbunden ist.

Beleihungsmöglichkeit: Kann eine Geldanlage nicht gekündigt werden, besteht in vielen Fällen die Möglichkeit der Beleihung. Dies ist unter Umständen günstiger, weil viele langfristig angelegte Geldanlagen kurzfristig nur mit Verlust zu verkaufen sind. Man sollte, wenn man in Geldnöte gekommen ist, auf jeden Fall prüfen, ob eine Beleihung möglich ist. Eine Beleihung ist nichts anderes als ein Kreditgeschäft, bei dem der Kreditgeber die Geldanlage als Sicherheit erhält. Ist die Bank bereits Verwalter der Geldanlage, ist es relativ einfach, ein solches Kreditgeschäft abzuwickeln.

Man spricht in diesem Fall übrigens von einem Lombardgeschäft. Kluge Geldwechsler in der Lombardei haben diese Geschäftsart erfunden. Wichtig ist, dass Banken nur marktgängige Titel beleihen, also Titel, die sich ohne Probleme in Geld verwandeln lassen. In der Praxis ist insbesondere eine Verleihung von Wertpapieren üblich. Die Banken beleihen Wertpapiere jedoch nicht zu 100 %, sondern berechnen einen Abschlag von 10 bis 50 % in Abhängigkeit von der Wertsicherheit des Wertpapiers. Unterliegt zum Beispiel eine Aktie starken Kursschwankungen, könnte eine Bank in die Gefahr kommen, beim notwendigen Verkaufszeitpunkt nicht mehr den Wert realisieren zu können, den die Aktie zum Zeitpunkt der Beleihung hatte. Um dieses Risiko so weit wie möglich auszuschließen, wird ein gewisser Abschlag einkalkuliert.

Verkaufsmöglichkeit: Wichtig ist natürlich auch noch zu wissen, wie der Verkauf der Geldanlage funktioniert. Viele Papiere können während der Laufzeit nur sehr schwer verkauft werden, Bundesschatzbriefe zum Beispiel oder Finanzierungsschätze des Bundes. Sparbriefe können gar nicht verkauft werden, es sei denn, die ausgebende Bank nimmt sie kulanterweise zurück. In solchen Fällen muss man das Ende der Laufzeit abwarten. Dann wird das Wertpapier ausgelöst, das heißt in Geld umgetauscht.

Viele Wertpapiere können an der Börse verkauft werden. Die Börse kann man sich so vorstellen, dass sich an einem bestimmten Ort Kaufwillige und Verkaufswillige treffen, miteinander handeln und Geschäfte abschließen.

Es gibt grundsätzlich zwei Arten von Börsen. Da ist zum einen die traditionelle Präsenzbörse, also tatsächlich ein Haus, in dem sich zu einer bestimmten Tageszeit (von 10.30 bis 13.30 Uhr) von Montag bis Freitag Börsenmakler treffen und für ihre Kunden Geschäfte tätigen. In Deutschland gibt es acht solcher Börsen. Die wichtigste befindet sich in Frankfurt. Weiterhin gibt es Börsen in Düsseldorf und München, in Hamburg, Bremen, Berlin, Hannover und Stuttgart.

Neben der Präsenzbörse gibt es noch die Computerbörse. Ein Beispiel ist die Deutsche Terminbörse (DTB). Hier übernimmt ein Computer die Aufgabe der Börsenmakler. In einen Zentralrechner werden dezentral Angebot und Nachfrage eingespielt. Der Computer sucht sich deckende Offerten heraus und verabschiedet das Geschäft.

Sicherheit

Das Risiko bzw. die Sicherheit einer Geldanlage lässt sich in folgende Teilaspekte untergliedern:

Bonitätsrisiko: Wird ein Schuldner insolvent (also zahlungsunfähig), geht der Anleger leer aus. Ein solches Risiko besteht durchaus bei manchen Anleihen. Somit ist bei einer Geldanlage darauf zu achten, wie „sicher" der Geschäftspartner ist. Bei Papieren des Bundes (Bundesanleihen) ist das Bonitätsrisiko gleich null. Bei Industrieanlagen oder bei Auslandsanlagen muss man sehr wohl mit einem gewissen Bonitätsrisiko rechnen.

Kursrisiko oder Wertveränderungsrisiko: Viele Geldanlagen lauten auf einen bestimmten Betrag. Dieser Betrag wird nach Ende der Laufzeit ausbezahlt. Bei solchen Geldanlagen besteht keinerlei Kursoder Wertveränderungsrisiko. Sehr wohl kann aber ein solches Risiko bei börsennotierten Papieren (Aktien, Anleihen) eintreten.

Hat man heute Aktien eines Unternehmens an der Börse gekauft, ist

bereits – in den meisten Fällen – morgen ein anderer Wert zu erzielen. Diese Änderung erfolgt bei Aktien sehr kurzfristig, ja täglich; bei Anleihen ist dieser Trend nicht so sprunghaft, aber ein Wertveränderungsrisiko ist dennoch vorhanden. Selbst bei Immobilien existiert ein Wertveränderungsrisiko.

Solche Veränderungen können sich positiv oder negativ auswirken. Das Risiko selbst ist zunächst einmal neutral.

Inflationsrisiko: Es gibt ein geflügeltes Wort, das besagt, dass der Geldanleger nur zwei Dinge zu befürchten hat: die Steuer und die Inflation. Das Inflationsrisiko ist ein Risiko, das uns ständig begleitet. Es gilt darum, Geldanlagen so zu gestalten, dass zumindest die Inflation abgedeckt wird. Wünscht jemand eine attraktive Rendite, so geht er davon aus, dass auf jeden Fall ein Inflationsausgleich erfolgt.

Beispiel mit Inflationsrate

Nominalverzinsung	4 %
abzüglich Inflationsrate	3 %
= Realverzinsung	1 %

Berücksichtigt man auch die Steuer, ergibt sich ein noch eindrücklicheres Bild:

Beispiel mit Inflationsrate und Steuer

Nominalverzinsung	4,0 %
abzüglich Steuern (40 %)	1,6 %
abzüglich Inflationsrate	3,0 %
= Realverzinsung	− 0,6 %

Änderungsrisiko im laufenden Ertrag: Ein solches Risiko gibt es nicht, wenn ein fester Zinssatz vereinbart wurde. Jedoch besteht ein solches Risiko sehr wohl bei einer Geldanlage, die mit einem variablen Zinssatz bewertet wird. Jetzt könnte man sehr einfach der Meinung sein: Da ich dieses Risiko vermeiden möchte, akzeptiere ich nur noch festverzinsliche Anlagen. Während der Laufzeit einer festverzinslichen Anlage trägt der Anleger gemäß Definition kein Änderungsrisiko aus dem laufenden Betrag. Besonders offensichtlich ist das Änderungsrisiko des laufenden Ertrags bei Aktionären. Die Dividende kann sich selbstverständlich jährlich verändern. Sie ist abhängig von der Ertragslage des Unternehmens.

Währungsrisiko: Immer wenn eine Geldanlage in fremden Währungen vorgenommen wird und eine Umwandlung in die eigene Währung angedacht ist, entsteht ein Währungsrisiko. Die Änderung der Währungsparität zwischen DM und der anderen Währung verändert auch den Wert in DM. Der Anleger hat effektiv mehr oder weniger Geld in DM zur Verfügung. Man sollte nicht von Währungsrisiko sprechen, wenn man einen bestimmten Betrag in Fremdwährung anlegt und in dieser Fremdwährung belässt. Man muss dann nur das Inflationsrisiko des jeweiligen Landes einkalkulieren. Ohne (beabsichtigte oder vollzogene) Währungsumwandlung entsteht auch kein Währungsrisiko. Diesem Problem wird durch Eröffnung eines Fremdwährungskontos begegnet.

Rentabilität

Die Rentabilität oder Rendite wird bestimmt durch folgende Aspekte:

laufender Betrag: Der laufende Betrag fließt einem Geldanleger regelmäßig zu. Man versteht darunter Zinsen, Dividenden, aber auch Mieten. Dies ist im Allgemeinen ein nomineller Betrag. Bezogen auf die Zinsen, spricht man auch von nominalem Zins. Er bezieht sich als Basis auf den Nennbetrag. Die Zinshöhe orientiert sich an den „deutschen Leitzinsen", dem Lombardsatz und dem Diskontsatz. Der Anleger kann sie dem Wirtschaftsteil der Tageszeitung entnehmen. Ändern sich die Leitzinsen, berichten alle Medien darüber.

Wertsteigerung: Die Wertsteigerung realisiert man häufig nur mit dem Verkauf. Auch die Wertsteigerung eines Grundstücks oder eines Hauses wird erst mit dem Verkauf realisiert. Der Kaufpreis wird dem Verkaufspreis gegenübergestellt.

Kosten: Laufender Ertrag und Wertsteigerung dürfen nicht den Blick für die Kosten trüben. Diese können die Rendite durchaus beeinträchtigen. Man unterscheidet bei den Kosten nach:

- Kosten beim Erwerb,
- Kosten für die Verwaltung und
- Kosten beim Verkauf.

Die Kosten sind so vielfältig, dass man sie gar nicht alle aufzählen kann. Insbesondere kann es vorkommen, dass aus heiterem Himmel plötzlich neue Kosten entstehen. Die Banken sind auf diesem Gebiet mitunter recht erfinderisch.

Folgende allgemeine Aussagen kann man jedoch machen:

Kosten beim Erwerb von Wertpapieren

> 0,25 bis 0,5 % bei Anleihen, 0,5 bis 1 % bei Aktien; 0,6 bis 0,75‰ für den Börsenmakler; hinzu kommen unter Umständen Limitgebühren (6 DM).

Kosten für die Verwaltung

> 0,5 bis 1,5‰ vom Depotwert.
> Man nennt diese Kosten Depotgebühren.
> Nicht vergessen sollte man die Kosten für das Girokonto.

Kosten beim Verkauf von Wertpapieren

> 0,25 bis 0,5 % bei Anleihen, 0,5 bis 1 % bei Aktien; 0,6 bis 0,75‰ für den Börsenmakler; hinzu kommen unter Umständen Limitgebühren (6 DM).

Man sollte nun nicht meinen, dass diese Kosten für alle Banken einheitlich gelten. Von Bank zu Bank bestehen sogar ausgesprochen große Unterschiede. Es hilft nur eins: die Kosten erfragen und vergleichen.

Man soll sich nicht täuschen lassen, wenn offiziell keine Gebühren erhoben werden. Mit Sicherheit sind die Kosten an anderer Stelle versteckt. Viele Fondsanteile kann man kostenlos erstehen. Die „Kosten" verstecken sich im Unterschied zwischen Ausgabe- und Rücknahmewert. Spekuliert man mit Devisen, bezahlt man die „Kosten" aus dem Unterschied zwischen Geld- und Briefkurs. Bei Immobilien treten beim An- und Verkauf so viele unterschiedliche Kosten auf, dass diese hier gar nicht aufgezählt werden können.

Noch einige Begriffsklärungen zum Thema Zinsen:
Der **Nominalzins** ist der Zinssatz, der sich auf den Nennwert eines Wertpapieres bezieht. Der Nominalzins ist auch die Basis für die Einkommensteuer.

Der **Effektivzins** berücksichtigt, dass viele Wertpapiere nicht zum Nennwert gekauft werden, sondern zu einem bestimmten Kurswert. Er korrigiert den Kaufwert und geht weiterhin davon aus, dass das Wertpapier über die Restlaufzeit gehalten wird.

$$\frac{\text{eff.}}{\text{Zins}} = \frac{\text{Nominalzins} \times 100}{\text{Kaufkurs}} = \frac{8 \times 100}{92} = 8,7$$

Bei 8% Nominalzins und einem Kaufkurs von 92% beträgt die effektive Verzinsung 8,7%.
Der **Realzins** berücksichtigt noch die Inflation. Er ergibt sich aus effektivem Zins abzüglich Inflationsrate.

Zurück zur Rendite! Welche Aussage lässt sich über die Rendite machen? Die **effektive Rendite** lässt sich nur im Nachhinein beurteilen. Sie wird von folgenden Aspekten beeinflusst:
- Kauf: der Kaufbetrag in DM (inkl. Kursabschläge, Kosten u.a.);
- Verwaltung: abzüglich der Kosten der Verwaltung;

Beispiel zur effektiven Rendite

Kauf: Eine 50-DM-Aktie kostet 453 DM; es entstanden Kosten in Höhe von 5 DM.

Verwaltung: In einem Jahr sind anteilige Kosten von 3,50 DM angefallen; darin wurde bereits das Girokonto berücksichtigt.

Verkauf: Die Aktie wurde für 477 DM verkauft; es entstanden Kosten in Höhe von 5 DM.

Dividende: Auf die Aktie erfolgte eine Dividendenzahlung in Höhe von 12% auf den Nennbetrag; das waren 6 DM.

$$\text{Verkaufswert} - \text{Kaufwert} - \text{Kosten} + \text{Dividende} = \text{Ertrag}$$
$$477\,\text{DM} - 453\,\text{DM} - 13,50\,\text{DM} + 6\,\text{DM} = 16,50\,\text{DM}$$

Bezogen auf die Investition von 453 DM stellt der Ertrag in Höhe von 16,50 DM eine Rendite von 3,6% dar.

- Verkauf: der Verkaufsbetrag in DM (inkl. Kursveränderung, Kosten);
- Zinsen während der Laufzeit.

Die Rendite ergibt sich aus der Wertveränderung abzüglich Kosten zuzüglich Ertrag und wird auf den Investitionsbetrag bezogen.

Zinseszins ist nur dann zu berücksichtigen, wenn die Zinsen wieder angelegt wurden. Werden Zinsen für Konsumausgaben verwendet, kann man auf die Zinseszins-Betrachtung gerne verzichten. Hat man die Zinsen jedoch erneut angelegt (oder geschieht dies bei einem thesaurierenden Fonds automatisch), ist die Zinseszins-Betrachtung wichtig.

Beschreibung der einzelnen Geldanlagen

Nun ist es an der Zeit, die einzelnen Geldanlagen zu beschreiben. Die Charakteristik jeder Anlage wurde weitgehend gleichartig gestaltet, sodass jederzeit ein schneller Überblick möglich ist. Der Aufbau ist folgendermaßen gegliedert:

Anlageart: nur eine Überschrift

Was ist das?
Gute Frage. Es ist wichtig, die Anlageart kurz zu erklären. Hier finden Sie also eine möglichst knappe und einfache Definition.

So funktioniert's:
Die Definition wird an dieser Stelle noch fortgeführt, wobei vorrangig beschrieben wird, wie man mit diesem Instrument umgehen kann: Wo und wie kann man das beschriebene Wertpapier kaufen, welche Formalien sind zu berücksichtigen, wie kann es wieder zu Geld gemacht werden?

Das kostet's:
Eine zentrale Information, die auch Fragen zu den Nebenkosten klärt. Die Kosten sind wichtig für die Renditeüberlegungen.

Und die Steuer?
Klar, die Steuer ist allgegenwärtig. Nicht alle Geldanlagen sind steuerlich „gleichberechtigt". Falls es steuerliche Besonderheiten gibt, werden diese hier beschrieben.

Und der Euro?
Wenn Sie schon jetzt in Euro denken wollen: Halbieren Sie einfach alle DM-Beträge und Sie erhalten fast exakt die entsprechenden Euro-Beträge.

AUF DEM PRÜFSTAND

Für den Anleger sicherlich der wichtigste Teil. Wir versuchen die Geldanlagen zu bewerten. Zu Grunde gelegt werden die drei bereits beschriebenen Kriterien: Liquidität, Sicherheit, Rentabilität. Die Bewertung erfolgt sowohl in geschriebener als auch in grafischer Form.
Es soll darauf hingewiesen werden, dass der Autor versucht hat diese Bewertung zu objektivieren. Da aber auch er nur ein Mensch ist, mit individuellem Risikoempfinden, ist diese Wertung subjektiv beeinflusst. Sie kann in einem spezifischen Anwendungsfall durchaus anders aussehen.

Gemessen an den Kriterien der Anlagestrategie:
- Liquidität
- Sicherheit
- Rentabilität

Bewertung im Überblick

Liquidität
Sicherheit
Rentabilität

Empfehlung für die Anlagestrategie:
Die Bewertung der Anlage wird zusammengefasst und für die strategische Überlegung aufbereitet. Weiterhin wird auf Alternativen eingegangen, ähnliche Geldanlagen werden genannt und gegebenenfalls kurz beschrieben.

TIPP
Gibt es zu einer Geldanlage besondere Tipps, die der Anleger beachten sollte, findet er sie unter dieser Rubrik. Für Fortgeschrittene mögen die Tipps Binsenweisheiten sein. Werden sie aber nicht berücksichtigt, kann dies in den meisten Fällen einen finanziellen Verlust bedeuten.

Wo gibt's weitere Informationen?
Auch dies ist wichtig. Wir wollen erste Informationen geben und Ihnen darüber hinaus die wichtigsten Informationsstellen nennen.

Der Antityp – die Anlage(un)art

Am Anfang steht der Antityp, also keine Anlageart, die man mit gutem Gewissen empfehlen könnte; trotzdem wird sie immer noch millionenfach praktiziert.

Anlageart: Sparstrumpf

Was ist das?
Gute Frage. Noch immer legen mehr Menschen ihr Geld in den Sparstrumpf, als man glauben möchte. Beim Geld hört anscheinend das Vertrauen auf. Billigt man der Bank notfalls die entsprechende Diskretion noch zu, gilt dies bereits nicht mehr für das Finanzamt. Der Zinsabschlag veranlasst manche Menschen, ihr Geld von der Bank abzuheben und in den Sparstrumpf zu stopfen. Dem Staat wollen wir die „30 Prozent" nicht gönnen, heißt es dann; lieber verzichtet man auch auf die verbleibenden 70 Prozent.
Der „moderne Sparstrumpf" ist eine abgegriffene Schachtel, die in einem Schrank vor sich hin schlummert.

So funktioniert's:
Man nehme eine Schachtel, lege die gesparten Scheine hinein und verstecke sie möglichst gut.

Das kostet's:
Nichts, allerdings bringt's auch nichts.

Und die Steuer?
Keine Zinsen, keine Steuer.

Und der Euro?
Das Geld im Sparstrumpf ändert nicht automatisch die Bezeichnung. Daher sollte man die Umstellung nicht verschlafen. Im Januar 2002 muss man die DM in Euro umtauschen. Hinterher hat die Mark nur noch Sammlerwert. Nach dem Umtausch kann man die Euros – wenn man unbedingt will – beruhigt in den Strumpf zurücklegen.

AUF DEM PRÜFSTAND

Gemessen an den Kriterien der Anlagestrategie:
▪ *Liquidität*
Bestens: Falls man die Schachtel mit dem Geld auf Anhieb wieder findet, kann man das Geld sofort einsetzen.

▪ *Sicherheit*
Das kommt darauf an, ob man in einer „einbruchssicheren" Gegend wohnt. Die Geldschachtel ist sicherer im Safe aufgehoben als im Bücherschrank. Hat man keinen Safe, sollte man zumindest intelligente Verstecke suchen, die nicht jeder Einbruchseleve sofort entdeckt. Versichert ist solches Geld natürlich auch im Brandfall oder bei einer anderen Katastrophe nicht.

▪ *Rentabilität*
Keine. Zieht man die Inflation ins Kalkül, kann man die Rendite in negativen Werten angeben.

Bewertung im Überblick

Liquidität	[▭▭▭▭▭▭▭▭▭]
Sicherheit	[▭▭▭▭▭▭▭▭▭]
Rentabilität	[▭▭▭▭▭▭▭▭▭]

Empfehlung für die Anlagestrategie:
Eigentlich gehört diese „Anlageart" nicht in eine Anlagestrategie. Dennoch kann es Situationen geben, in denen man dringend Bargeld benötigt. Handelt es sich um legale Aktivitäten, die das Licht des Bankwesens nicht scheuen, kann man sich zumindest eines Girokontos bedienen. Bei der „Anlageart Sparstrumpf" gibt es keine Vorteile. Die Nachteile: Das Geld verliert langsam, aber sicher an Wert; die Inflation frisst es mit der Zeit genüsslich auf.

▷ Mit Pauken und Trompeten durchgefallen!

TIPP
Angeblich bewahren schrullige Menschen ihr Geld häufig in solchen unscheinbaren Schachteln auf. Nach ihrem Tod freuen sich die Erben, weil sie dann Millionäre sind. So steht es jedenfalls in der Regenbogenpresse. Da kann nur jeder hoffen.

Wo gibt's weitere Informationen?
Eigentlich nur im Kaffeesatz.

Rund um das Konto

Fast jeder verfügt bei uns über ein Bankkonto. Die Bandbreite dieser Geldanlage reicht von „simpel" bis „innovativ".

Wir behandeln:
- Girokonto (notwendig);
- Sparkonto (überflüssig);
- Termingeld (na ja), bestehend aus:
  Festgeld (ganz gut),
  Kündigungsgeld (aha);
- Termingeld in ausländischer Valuta (schon etwas riskant);
- FIBOR-Sparen (innovativ).

Zu jeder Adresse, bestehend aus Name, Vorname, Ort, Straße und Telefonnummer, gehört eine Kontonummer, das Girokonto.

Anlageart: Girokonto

Was ist das?
Das Girokonto gehört zur Adresse wie das Telefon und wie das Telefon kostet es den Inhaber Gebühren: Grundgebühren und laufende Gebühren. Die Banken gehen dabei recht fantasievoll vor, wenn sie für das Girokonto kassieren.

Das Girokonto dient der Abwicklung des Zahlungsverkehrs. Damit ist es für die Gestaltung der Geldanlage ein notwendiges Übel.

Noch vor 30 Jahren wurden Löhne und Gehälter bar ausgezahlt, gab man dem Kaufmann im Laden Geld und keine Schecks. Daher benötigte man auch kein Girokonto. Ein begabter Bankangestellter erfand den „bargeldlosen Zahlungsverkehr". Das war für die Banken der beste Verbesserungsvorschlag, der je eingereicht wurde.

Mittlerweile zahlen fast alle Arbeitgeber Löhne und Gehälter bargeldlos aus, das heißt, sie überweisen den Verdienst auf das Konto des Berufstätigen. Damit benötigt zumindest jeder Arbeitnehmer ein Girokonto.

So funktioniert's:
Ein Girokonto wird bei der Bank „eingerichtet". Man erhält eine Kontonummer und kann alle Zahlungsströme (Einzahlungen, zum Beispiel Gehälter; Auszahlungen, zum Beispiel Rechnungen) über dieses Konto laufen lassen. Für das Konto kann man auch eine Eurochequekarte beantragen. Mit Scheck und Karte kann man (bis zu 400 DM je Scheck) bargeldlos einkaufen. Mit einer zusätzlichen Geheimnummer kann man auch an Kassenautomaten Bargeld erhalten.

Das kostet's:
Einstmals war das Girokonto kostenlos. Heute vergeht jedoch kaum ein Jahr, an dem die Benutzer nicht von einer neuen Gebührenerhöhung oder einer neuen Berechnungsmethode überrascht werden. Ein normaler Haushalt, der das Girokonto intensiv nutzt, kann je nach Bank mit 300 bis 600 DM Kontoführungskosten im Jahr rechnen.

Hinzu kommt, dass Guthaben auf Girokonten gerade mit 0,5 % im Jahr verzinst werden.

Bei einem Negativsaldo sind die Zinssätze selbstverständlich höher. Großzügig sagen die Banken einen Kreditrahmen zu und sprechen vornehm von Dispo-Kredit. Dieser ist nichts anderes als ein unanständiger Verführer. Geht man einkaufen und erliegt den Verlockungen der Schaufenster, so musste man früher ärgerlich passen – leider kein Geld mehr in der Tasche. Heute zückt man die Eurochequekarte und bezahlt, leicht lächelnd. Die Kosten werden erst auf dem Girokonto sichtbar. Die Bank rechnet für den Kredit satte 7 bis 10% Zinsen ab. Noch teurer ist der Überziehungskredit. Er liegt 3,5 bis 5,5% über dem Zinssatz des Dispositionskredits. Das Girokonto kann zum teuren Vergnügen werden, wenn man nicht Acht gibt.

Und die Steuer?
Kein Problem. Auf dem Girokonto gibt es kaum Zinsen, also stellt sich die Steuerfrage nicht.

Und der Euro?
Das Girokonto wird am 1.1.2002 auf Euro umgestellt. Ab diesem Zeitpunkt kann man überall mit Euro bezahlen.

AUF DEM PRÜFSTAND

Gemessen an den Kriterien der Anlagestrategie:
■ *Liquidität*
Man kann jederzeit über sein Geld verfügen. Die Liquidität ist verführerisch „ohne alle Einschränkung gegeben".

■ *Sicherheit*
So gut wie alle deutschen Banken sind Einlagensicherungssystemen angeschlossen. Dies bedeutet, dass – im Falle eines Konkurses – der Sicherungsfonds den Sparern das Geld ersetzt. Daher gilt das auf Girokonten angelegte Geld als absolut sicher.

■ *Rentabilität*
Die 0,5% Zinsen kann man nur als schlechten Witz bezeichnen. Nicht einmal die Inflationsrate wird damit gedeckt. Die Rendite sackt in den Negativbereich ab.

Bewertung im Überblick

Liquidität	[███████████]
Sicherheit	[███████████]
Rentabilität	[███]

Empfehlung für die Anlagestrategie:
Das Girokonto ist nichts anderes als eine (Geld-)Adresse, über die man (Geld-)Post empfangen und versenden kann.
Die Nachteile liegen in den hohen Kosten, die die Banken für ihre Dienstleistung als „Hausmeister" verlangen. Die Banken können mit dem recht hohen Geldüberschuss (in der Summe aller Girokonten) vorzügliche Geschäfte machen. Sie lassen das Geld, das sie nur mit kümmerlichen 0,5% verzinsen, für sich arbeiten. Zwischen zwei Girokonten (zum Beispiel bei einer Überweisung von einer Bank zur anderen) muss es so etwas wie das berüchtigte Bermudadreieck geben, denn das Geld

verschwindet für Tage. Es wurde zwar auf dem einen Konto abgebucht, aber es dauert eine ganze Weile, bis es auf dem anderen Konto wieder ankommt. Im Zuge der elektronischen Medien müsste der Geldtransfer eigentlich per Knopfdruck möglich sein; aus unerfindlichen Gründen geht dies im Bankverkehr jedoch nicht. Wer kassiert in dieser Zeit die Zinsen?

Wichtig: Man darf sich keinen Minussaldo auf dem Konto leisten – der könnte teuer kommen.

▷ Das Girokonto ist lediglich ein Instrument; als Objekt der Anlagestrategie ist es nicht geeignet.

TIPP

Der Vergleich lohnt sich. Man sollte sich nicht scheuen die Kosten eines Girokontos genau zu überprüfen. In jeder Bank hängt die Gebührentafel aus. Entweder man studiert sie in Ruhe oder man lässt sich von einem Schalterberater die Gebührenstruktur erklären. Am teuersten sind im Allgemeinen die Großbanken. Bei ihnen muss anscheinend die pompöse Schalterhalle mitgezahlt werden. Die Sparkassen haben über viele Jahre keine Gebühren erhoben. In den letzten Jahren konnten sie der Versuchung jedoch nicht mehr widerstehen. Sie erreichen heute durchaus das Niveau der Großbanken (ohne entsprechende Marmor-Schalterhalle).

Sehr günstig schneidet nach wie vor die Postbank ab. Sie ist eine gute Alternative. Gar keine Kontoführungs-

gebühr verlangen die Filialen der Sparda-Bank. (Davon gibt es immerhin über 150.) Sehr interessant sind auch die Visa-Banken (u.a. Citibank und Noris-Bank). Die Gehalts-Girokonten werden gebührenfrei geführt, für Guthaben immerhin bis zu 5% Zinsen gezahlt.

Wer nicht gleich die Bank wechseln will, kann dennoch mit etwas Kontendisziplin bares Geld sparen:

▪ Tagesauszüge in Wochen- und Monatsauszüge umwandeln. Das spart Gebühren und Porto.

▪ Berufstätige Ehepaare unterhalten oft getrennte Gehaltskonten. Ein gemeinsames Konto kommt billiger. Dies trifft insbesondere dann zu, wenn eines der beiden Konten oft überzogen wird, auf dem anderen dagegen das Guthaben weitgehend unverzinst bleibt.

▪ Guthaben sollten so weit wie möglich abgeschöpft und auf eine zinsgünstigere Parkgelegenheit transferiert werden. Es bietet sich als (nicht optimale) Alternative das Sparkonto an. Die bessere Alternative sind so genannte Telefonkonten. Die Quelle-Bank führt ein Telefon-Plus-Konto, auf das man „uberschüssige" Gelder mit einer Überweisung einzahlen kann, die mit 4,5% verzinst werden und per Telefonanruf (Kontonummer, Name und Geheimwort) jederzeit auf das Girokonto rücküberwiesen werden.

▪ Ständig wiederkehrende Zahlungen wie Miete, Strom, Versicherungen nicht mit Dauerauftrag oder Überweisung bezahlen, sondern vom Empfänger mittels Einzugsermächtigung abbuchen lassen; dann fallen keine Gebühren an.

- Kleinere Beträge nicht monatlich, sondern besser vierteljährlich überweisen.
- Überweisungen sind teuer, deshalb Rechnungen mit Scheck bezahlen.
- Bezahlt man mit der Kreditkarte, so werden die Beträge erst zeitlich verzögert abgebucht. Somit spart man Zinsen.
- Ärgert man sich über die Zeitdauer von Überweisungen, sollte man – wenn immer möglich – Überweisungen innerhalb der gleichen Bankengruppe vornehmen. Die Überweisung erfolgt dann (etwas) schneller.

Wo gibt's weitere Informationen?
Auskünfte über die Konditionen der Girokonten erhält man von den Banken. Ein Vergleich der Konditionen wird in regelmäßigen Abständen in einzelnen Presseorganen publiziert. Alle Jahre gibt es eine Ausgabe *DM extra*, in der ein solcher Vergleich zu finden ist. Auch Tages- und Regionalzeitungen drucken Konditionenvergleiche ab.

Das mit Abstand auflagenstärkste Buch Deutschlands ist das Sparbuch – zum Bestseller geschaffen?

Anlageart: Sparbuch

Was ist das?
1934 wurde das Sparbuch eingeführt; es sollte vielen Mitbürgerinnen und Mitbürgern eine einfache und sichere Geldanlageform bieten. Dieses Ziel hat das Sparbuch sicherlich auch erreicht. Aber die Sparform wurde nicht weiterentwickelt. Der Aspekt der Rentabilität wurde niemals berücksichtigt – jedenfalls nicht für den Anleger.

Unterscheidung zum Girokonto: Das Sparbuch kann man nicht für den Zahlungsverkehr verwenden; über die Spareinlagen kann man nicht per Scheck oder Überweisung verfügen; auch müssen Sparbücher immer einen Guthabensaldo aufweisen.

Das Sparbuch ist äußerst beliebt. Gut ein Viertel des gesamten Geldvermögens der Bundesbürger ist in Sparbüchern festgelegt.

So funktioniert's:
Es gibt Sparer, die ihr sauer erspartes Geld zur Bank tragen und es dort in ein unscheinbares Büchlein eintragen lassen. Die Bank bezeichnet das Geld als Spareinlage und stellt dem Sparer für diese Übertreibung eine Urkunde aus. Diese Urkunde nennt man Sparbuch.

Die Standardvariante der Sparbuchanlage ist heute das Sparbuch mit einer Kündigungsfrist von drei Monaten. Sie gilt stets, wenn zwischen dem Kunden und der Bank nichts anderes vereinbart ist. Wichtig sind dabei folgende Regelungen:

Die vertraglich vereinbarte Kündigungsfrist beträgt (mindestens) drei Monate. Bei Vereinbarung einer dreimonatigen Kündigungsfrist können pro Monat bis zu 3.000 DM ohne vorherige Kündigung abgehoben werden.

Die Banken und Sparkassen bewerben das Sparbuch mit dem Argument des Notgroschens. Dabei muss man jedoch bedenken, dass man nur 3.000 DM ohne Zinsverlust abheben kann. Lediglich in diesem Fall braucht keine vorherige Kündigung ausgesprochen zu werden. Wer mehr abheben möchte und nicht rechtzeitig kündigt, muss Vorschusszinsen zahlen.

In der Fachsprache heißt es folgendermaßen: „Der vorzeitig zurückgezahlte Betrag ist als Vorschuss zu verzinsen. Die Sollzinsen müssen die zu vergütenden Habenzinsen um mindestens ein Viertel übersteigen." Dies bedeutet, dass eine Bank, die für das Guthaben 4 % (Habenzinsen) gewährt, auf den vorab zurückgezahlten Betrag mindestens 5 % (Sollzinsen) verlangt. Der Sparer hat damit auf den zurückgezahlten Betrag den Saldo aus Haben- und Sollzinsen in Höhe von 1 % zu entrichten.

Es gibt auch längere Kündigungszeiten: Ein bis vier Jahre sind üblich. Beachtet werden muss die sechsmonatige Kündigungssperrfrist. Eine Kündigung kann frühestens nach diesen sechs Monaten ausgesprochen werden. Das bedeutet, dass bei einer vereinbarten Kündigungsfrist von 24 Monaten erstmalig nach sechs Monaten gekündigt werden kann. Damit liegt das Geld im Minimum 30 Monate fest.

In Abhängigkeit der Kündigungsfristen gestalten sich auch die Zinsen. Den höchsten Zinssatz erhält man für eine drei- bis vierjährige Anlagezeit.

Das kostet's:

Das Sparbuch kostet in der Regel keine Gebühren; die mageren Zinsen sind schon genügend Bestrafung.

Und die Steuer?

Die Zinsen müssen versteuert werden. Wurde kein Freistellungsantrag gestellt, wird der 30%ige Zinsabschlag einbehalten.

Und der Euro?

Die Umstellung der Sparbücher ist den einzelnen Instituten freigestellt. Es ist aber davon auszugehen, dass die Umstellung zum 1.1.2002 erfolgen wird.

AUF DEM PRÜFSTAND

Gemessen an den Kriterien der Anlagestrategie:

■ *Liquidität*

Die Umwandlung der Sparguthaben in Bargeld ist möglich, kostet aber Geld; Strafzinsen sind zu zahlen.

■ *Sicherheit*

Das Sparbuch ist eine vollkommen sichere Anlageform. So gut wie alle deutschen Banken sind Einlagensicherungssystemen angeschlossen. Dies bedeutet, dass – im Falle eines Konkurses – der Sicherungsfonds den Sparern das Geld ersetzt. Daher gilt das auf Sparbüchern angelegte Geld als absolut sicher.

■ *Rentabilität*

Die Rentabilität ist der Schwachpunkt des Sparbuchs. Im langjährigen Durchschnitt liegt der Spareckzins zwischen 2 und 3 % und deckt damit nicht einmal die Inflationsrate. Je länger die vereinbarten Kündigungsfristen, desto besser die Verzinsung. Dennoch ist die Rendite in keinem Fall zufrieden stellend.

Bewertung im Überblick

Liquidität	
Sicherheit	
Rentabilität	

Empfehlung für die Anlagestrategie:
Ein vordergründiger Vorteil des Sparbuches ist sein Bekanntheitsgrad. Es ist ein absoluter Renner. Das Sparbuch ist leicht zu eröffnen. Es sind so gut wie keine Formalien zu berücksichtigen. Selbst kleine Beträge werden verzinst. Der Nachteil liegt im niedrigen Zins.
Die Banken verstehen die Beliebtheit des Sparbuchs zu ihren Gunsten zu nutzen. Ändert sich das Zinsniveau am Markt, lassen sich die Banken ausreichend Zeit, bis sie den Spareckzins anpassen. Von der Anlage höherer Summen auf einem Spar-

buch ist daher dringend abzuraten. Alternativen sind Bundeswertpapiere: Bereits ab 50 DM kann man Bundesschatzbriefe zu weitaus besseren Zinssätzen erwerben.
Als weitere Alternative bieten Banken Sondersparformen wie Sparzertifikate an.

Sparzertifikate wurden ursprünglich als Sonderangebote der Banken geboren. Sie sind sehr eng mit den Sparbriefen verwandt. Im Allgemeinen weisen sie eine kürzere Laufzeit auf (ein bis zwei Jahre), haben dafür aber einen höheren Anlagebetrag (ab 1.000 DM). Die Grenzen sind allerdings fließend (siehe auch unter Sparbrief).

▷ Das Sparbuch ist der erste Baustein zu einer Anlagestrategie: besser als gar nichts. Selbst für konservativ ausgerichtete Kleinsparer gibt es attraktivere Anlageformen.

TIPP

Die Banker haben natürlich die schwindende Attraktivität der Sparbücher erkannt, sodass immer mehr Sonderformen um das Sparbuch herum angeboten werden. Wir lesen Begriffe wie Sparpläne, Wachstumssparen, Sparzertifikate und Bonussparen.
Banksparpläne sind an und für sich nicht schlecht. Der Kleinsparer, der keine größere Summe zur Verfügung hat und sich somit auch keine Gedanken über die Frage „Wie lege ich 100.000 DM an?" machen muss, kann aber sehr wohl regelmäßig Mo-

Welche Konditionen bieten Sondersparformen, z. B. Sparzertifikate?

Institut/Angebotsbezeichnung Stand: 28.09.98	Mindest- anlage	Zins in %	fest	Kündigung 3 Mon. vor	verfügbar 3.000 DM mtl. vor Vertragsende
Zinsfestschreibung und Vertragsdauer: bis 6 Monate					
AKB, Köln: Sparb. mit Bonusver.	10.000	3,25	4 Mon.	Anlageende	ja
ALLBANK: Individualsparen	10.000	2,75	6 Mon.	Anlageende	nur Sparbuchzins
Allg. Dt. Direktbank: Extrakonto	1.000	3,00	nein	entfällt	in beliebiger Höhe
Augsburger Aktienb. AG: Sparbuch	keine	3,10	nein	Bedarf	ja
Berliner Bank: Erfolgssparen	5.000	3,00	6 Mon.	Bedarf	max. 20% bis Mindestanl.
BfG-Bank AG: Turbo-Sparen	10.000	3,00	6 Mon.	Anlageende	nur Sparbuchzins
CC-Bank: Sparkonto m. Garantie	5.000	3,00	4 Mon.	Anlageende	50% bis Mindestanlage
Zinsfestschreibung und Vertragsdauer: 12 Monate					
AKB, Köln: Sparb. mit Bonusver.	10.000	3,70	12 Mon.	Anlageende	ja
ALLBANK: Individualsparen	5.000	3,50	12 Mon.	Anlageende	nur Sparbuchzins
Bank Kreiss AG: Festzinssparen	5.000	3,75	12 Mon.	Anlageende	bis Mindestanlage
Berliner Sparkasse: Festzinssparen	5.000	3,00–3,375	12 Mon.	Anlageende	nur Sparbuchzins
CC-Bank: Sparkonto m. Garantie	5.000	3,40	12 Mon.	Anlageende	50% bis Mindestanlage
Stadtsparkasse Wuppertal: Zuwachssparen	3.000	3,50	12 Mon.	Anlageende	nur Sparbuchzins
Weberbank: Festzinssparen	10.000	3,10	12 Mon.	6 Monate	nein
WKV Bank München: WKV-Extra Sparen	10.000	3,75	12 Mon.	Anlageende	nein
Zinsfestschreibung und Vertragsdauer: über 12 Monate					
ALLBANK: Individualsparen	5.000	3,75/4,00	24/36 M.	Anlageende	nur Sparbuchzins
Allg. Deutsche Direktbank: Extra-Zinswachstum	3.000	≈ 4,35	1–5 J.	Anlageende	ja
Bank GiroTel: TopPlus	3.000	4,00/4,50	24/48 M.	Anlageende	max. 20% bis Mindestanl.
Bankhaus Bauer: Wachstums-Sparbrief	10.000	3,20–5,75	72 Mon.	nach 12 M.	nach 12 M.
Berliner Bank: Erfolgssparen	5.000	3,50	48 Mon.	Bedarf	max. 20% bis Mindestanl.
BfG-Bank AG: Kapitalsparbuch	3.000	eff. 3,55	60 Mon.	Bedarf	wenn vorher: 0,50/100 DM
Deutsche Bank: Festzinssparen	10.000	bis 3,45	36 Mon.	Anlageende	in der Regel nein
Dresdner Bank: Extra-Sparen	5.000	3,30/3,50	24/36 M.	Anlageende	nur Sparbuchzins
HypoVereinsbank: Plus Sparen	5.000	2,75–4,00	24/60 M.	Anlageende	nur Sparbuchzins
norisbank AG: Festzinssparen	10.000	3,50	24 Mon.	12 Monate	nein
Postbank: Festzinssparen	5.000	3,40/4,00	24/48 M.	Anlageende	nein

(Quelle: DM-online 11/98)

nat für Monat 100 DM abzweigen und anlegen. Hier setzen die Sparpläne an. Man kann also durchaus Vermögensbildung betreiben, wenn man den richtigen Sparplan findet. Eigentlich sollte dies nicht schwer sein. Man überlegt sich, welche Laufzeit benötigt wird, und wählt dann den Sparplan, der die höchste Rendite abwirft. Gerade die effektive Rendite wird von den Banken aber häufig verschwiegen. So werden Sparpläne mit Bonussparen verknüpft und es wird mit relativ hohen prozentualen Bonusbeträgen geworben. Rechnet man diese jedoch auf die gesamte Laufzeit um, ist das Ganze nicht mehr so attraktiv. Sehr viele Sparpläne bieten nur eine effektive Rendite von 5 bis 6%. Dies ist eindeutig zu wenig. Dann sollte man als Alternative lieber jeden Monat zur Bank marschieren und für 100 DM Bundesschatzbriefe kaufen. Deren Rendite liegt meist höher.

HINWEIS Will man dennoch nicht auf einen Sparplan verzichten, so muss man die Bank zu einer Auskunft über die effektive Rendite veranlassen. Diese sollte man sich auch noch schriftlich geben lassen. Auch die sonstigen Konditionen sind aufmerksam zu lesen.

ACHTUNG Bei vielen Banksparplänen verliert man den Bonus, wenn man vorzeitig aussteigen muss oder will. Einen solchen Sparplan darf man nur abschließen, wenn man weiß, dass man ihn auch durchhalten kann.

Außerdem wird bei vielen Sparplänen das Guthaben nicht am Ende der Laufzeit automatisch ausbezahlt, sondern man muss innerhalb einer bestimmten Frist kündigen. Hat man diese Frist verschlafen, kann es passieren, dass das Guthaben als Sparbuch mit gesetzlicher Kündigung weitergeführt wird. Den Kündigungstermin muss man sich also genauestens notieren.

Wachstumssparen ist eine Anlageform, bei der der Anleger entweder einmalig oder jeden Monat einen bestimmten Betrag einzahlt. Die Mindestsummen liegen bei 1.000 DM (einmaliger Anlagebetrag) und bei 100 DM (monatlicher Anlagebetrag). Der Sparvertrag läuft über fünf bis acht Jahre. Der Zinssatz ist häufig von Jahr zu Jahr wachsend, wobei man sich offensichtlich die Bundesschatzbriefe als Vorbild genommen hat. Im Allgemeinen kann man über das Geld jederzeit verfügen, allerdings mit dem Nachteil, dass man die höheren Zinsen (zum Ende der Laufzeit) nicht erhält (Rendite ca. 5% p.a.). Das **Bonussparen** ist sehr eng mit dem Wachstumssparen verwandt. Im Allgemeinen ist der Anlagezeitraum relativ kurz (ein Jahr) und die Zinsen sind relativ hoch (5,5 bis 6,5%). Man muss jedoch die Anlageperiode durchhalten, sonst gibt es nur 4 bis 5%. Die Variationsbreite ist äußerst weit.

HINWEIS Entscheidet man sich für einen Sparplan, sollte man sich unbedingt von folgenden Überlegungen leiten lassen:

Wichtigstes Entscheidungskriterium ist die Grundverzinsung. Das heißt, es ist vor allen Dingen darauf zu achten, dass der jährliche Zinssatz attraktiv ist. Für Sparpläne werden bevorzugt Festzinssätze ausgegeben. Sollten Sie variable Zinssätze vereinbaren, ist genau auf die Basis zu achten, an der sich der Zinssatz orientiert. Die damit verbundene Fragestellung: An welchen Zinssatz ist der variab-

le Zins gekoppelt, und in welchem Rhythmus wird er angepasst?

Bonus-Regelungen müssen mit eingerechnet werden, aber ihre Wirkung ist nicht zu überschätzen. Der Bonus wird meistens am Ende der Laufzeit ausbezahlt, das heißt, er unterliegt keinem Zinseszins. Er geht also nur mit einem geringen Betrag in die Gesamtrendite ein. Entsprechende Alternativen sind genau auszurechnen. So ergeben

Welche Konditionen bieten Bank-Ansparpläne?

Institut/Angebotsbezeichnung Stand: 28.09.98	Zinsen zur Zeit	Festzins	Bonus/Prämie	Vertragslaufzeit	vorher verfügbar
Einmalige Bonuszahlung oder Prämienzahlung am Ende der Laufzeit auf Einzahlungen					
ALLBANK: Bonus-Sparen	1,50	nein	14%	7 J.	ja
Bank Kreiss AG: Bonus-Sparen	2,50/3,75	nein	14%/15%	7 J./12 J.	nein
BfG Bank AG: Vorsorgeplan	4,30	ja	1–18%	6–25 J.	4 J. Künd.frist
CC-Bank: CC-Ratensparen	3,25	ja	7%	7 J.	nein
Citibank Privatk. AG: Vorsorgeplan	3,25	nein	2–10%	8–12 J.	nein
Commerzbank: Klassik-Sparplan	2,00	nein	14%	7 J.	nein
DSK-Bank (Fil.ALLBANK):					
Bonus-Sparen	1,50	nein	14%	7 J.	ja
VolksbankDirekt: Ratensparen	1,50	nein	14%	7 J	nein
Jährlicher Bonus bzw. Prämie auf die jährliche Sparleistung					
Berliner Bank AG: Ansparprogramm	2,875	nein	3–90%	3–25 J.	ja
Berliner Sparkasse: Vorsorgesparen	3,25	nein	1–50%	max. 25 J.	max. 50%
Frankfurter Sparkasse: Vermögensplan-A	2,50–5,00	nein	6–75%	3–25 J.	ja
Sparda-Bank Berlin eG: Zielsparen	3,00	nein	5–40%	bis 25 J.	ja
Sparda-Bank Frankf. eG: Sparda-Vermög.plan	3,50	nein	3–50%	2–25 J.	ab 3 J. mit 3 Mon.
Stadtsparkasse Augsburg: Prämiensparen	3,00	nein	3–50%	3–25 J.	ja
Stadtsparkasse Dresden: Prämienspar. flex.	3,00	nein	3–50%	bis 25 J.	ja

(Quelle: DM-online 11/98)

beispielsweise 100 DM, monatlich angelegt, im Laufe von 10 Jahren bei einer vereinbarten festen Verzinsung von 6% 16.331 DM. Als Alternative wird eine 4%ige Verzinsung und ein 10%iger Bonus angeboten. Die 4%ige Verzinsung ergibt 14.719 DM. Zuzüglich 10% Bonus (1.472 DM) errechnet sich eine Gesamtsumme von 16.191 DM. Das sind immerhin 140 DM weniger als bei der ersten Variante.

- Letztendlich zählt nur die Gesamtrendite. Man lässt sich bei allen Angeboten die Gesamtrendite ausrechnen und den Wert, den man nach Ablauf des Vertrages auf die Hand ausgezahlt bekommt. Mit diesen beiden Werten kann man die einzelnen Angebote gut vergleichen.
- Achtung: Keine überlangen Laufzeiten akzeptieren! 25 oder 30 Jahre sind nicht angebracht, es soll ja nur ein Grundstock geschaffen werden. Man sollte nur Laufzeiten von maximal 7 bis 10 Jahren akzeptieren.
- Kündigungsmöglichkeiten überprüfen: Kann man vorzeitig kündigen? Gilt nach Ende der Laufzeit der Vertrag als gekündigt, oder muss man dies schriftlich unter Einhaltung einer gewissen Frist erst noch erklären?
- Grundsätzlich sollte man Sparverträge nur mit Banken und Sparkassen abschließen. Auf keinen Fall darf man auf die Angebote von dubiosen Firmen aus dem so genannten grauen Kapitalmarkt hereinfallen. Viele solcher Angebote sind betrügerisch. Es steht zu befürchten, dass man nicht nur die Zinsen verliert, sondern auch das eingezahlte Kapital.
- Einige Beispiele (aus dem Jahr 1998). Die ALLBANK nennt ihr Produkt „Individualsparen". Die Mindestanlage beträgt 5.000 DM. Der Vertrag läuft über ein Jahr, muss dann drei Monate vor Laufzeitende gekündigt werden. Der Zins beträgt 3,75%. Die Dresdner Bank bietet „Extra-Sparen", die Konditionen sind identisch mit denen der ALLBANK. Der Zinssatz liegt bei 3,25%. Die WKV Bank in München bietet bei einer Anlagesumme von 10.000 DM 3,75%.

Eine Alternative zum Sparbuch sind für kurzfristige Anlagen die Telefonkonten, für längerfristige Anlagen Bundesschatzbriefe oder Finanzierungsschätze.

Wo gibt's weitere Informationen?
Die Banken informieren über Sparbücher mehr als nötig.

Zeit ist Geld – mit Termingeldern lässt sich Geld zufrieden stellend parken.

Anlageart: Termingelder

Was ist das?
Eigentlich ist das Termingeld nicht origineller als das Sparbuch. Termingeld wie Sparbuch sind Verträge, in denen sich der Sparer verpflichtet eine gewisse Anlagesumme über eine gewisse Laufzeit der Bank anzuvertrauen. Einziger Unterschied ist die Summe. Am lohnenden Anlagespiel mit Termingeldern kann man sich ab 10.000 DM beteiligen. Die Laufzeiten beginnen bei einem Monat und lassen sich bis zu einem Jahr fast in beliebigen Varianten verlängern.
Wir unterscheiden zwei Varianten:
- das Festgeld: Die Parameter sind Anlagebetrag und Anlagedauer;
- das Kündigungsgeld: Die Parameter sind Anlagebetrag, Anlagedauer und Kündigungszeit.

In den Termingeldern steckt etwas mehr Fantasie als in einem schlichten Sparbuch. Und es lässt sich damit mehr Geld verdienen.
Festgelder sind Einlagen bei Banken und Sparkassen über bestimmte Beträge mit festgelegten Laufzeiten.
Maßgeblich für den Zins sind die Parameter Betrag und Laufzeit und der Geldmarktzins. Das ist der Zins, zu dem sich Banken untereinander Geld ausleihen. In Wirtschaftszeitungen *(FAZ, Handelsblatt)* werden die sich täglich ändernden Zinssätze unter der Rubrik „Geldmarktsätze" aufgeführt. Der Zusatz „unter Banken" bedeutet, dass diese Konditionen nur unter Banken Gültigkeit haben. Als Privatanleger erhält man einen Zinssatz, der ein bis zwei Prozentpunkte niedriger liegt.
Die Banken wollen an der Zinsdifferenz nicht nur verdienen, sondern sie sind auch verpflichtet einen bestimmten Prozentsatz ihrer Einlagen als Mindestreserve bei der Bundesbank zinslos zu hinterlegen. Mit dieser Mindestreserve können sie also kein Geld verdienen. Daher liegt der Zinssatz für Privatanleger unter dem der Banken.
Kündigungsgelder sind nichts anderes als Festgelder. Ein neuer Gestaltungsparameter kommt hinzu: Nach Betrag und Laufzeit ergänzt die Kündigungsfrist die Gestaltungsvielfalt.
Banken bieten Kündigungsgelder in der Regel ab 10.000 DM an. Die Laufzeiten variieren von einem Tag bis zu einem Jahr, die Kündigungsfristen betragen meistens einen Tag, 48 Stunden oder sieben Tage. Es gibt aber auch längere Kündigungsfristen, zum Beispiel drei Monate.

So funktioniert's:
Ein Festgeldkonto kann bei jeder Bank eröffnet werden. Die Einrichtung kostet in der Regel keine Gebühren. Auch fallen keine Depotgebühren an. Beim Abschluss wird die Anlegedauer festgeschrieben. Am häufigsten sind Festgelder für ein bis drei Monate. Das Festgeld wird nur kurz angelegt, wenn man auf steigende Zinsen hofft, es wird hingegen länger angelegt, wenn man auf fallende Zinsen spekuliert.

Eine vorzeitige Verfügung ist im Allgemeinen nicht möglich. Man kann jedoch im Fall des Falles mit der Sicherheit eines Festgeldvertrages einen günstigen Dispositionskredit beantragen. Wird dem Bankinstitut mit Ablauffrist keine Weisung erteilt, geht die Bank davon aus, dass das Festgeld für die gleiche Dauer nochmals angelegt wird. Der zu diesem Zeitpunkt gültige Zinssatz gilt als vereinbart. Wer sein Geld zum Ende der Laufzeit anderweitig verwenden möchte, sollte dies einige Tage vorher der Bank mitteilen.

Beim Kündigungsgeld ist ausdrücklich festgelegt, dass man rechtzeitig (im Rahmen der vereinbarten Kündigungsfrist) kündigen muss. Beispiel: Ein Kündigungsgeld über eine Laufzeit von einem Monat mit siebentägiger Kündigungsfrist, muss eben nach drei Wochen gekündigt werden, sonst verlängert sich die Laufzeit um einen weiteren Monat.

HINWEIS Attraktiv sind Kündigungsgelder mit einer Laufzeit von einem Tag und einer Kündigungsfrist von einem Tag. Das heißt, über diese Gelder kann jederzeit verfügt werden.

Das kostet's:
Bei Festgeldern fallen keine Gebühren an.
Die Zinsen liegen etwa zwei Prozent unter den „unter Banken" üblichen Geldmarktsätzen. Die Zinsen sind im Allgemeinen umso höher, je länger die Laufzeit ist. Dies ist jedoch kein Gesetz. Bei einer inversen Zinsstruktur kann dies gerade umgekehrt sein: In Perioden einer wirtschaftlichen Überhitzung kann die Bundesbank mit einer Verknappung des Geldes reagieren. Sie entzieht dem Markt Geld. Damit wird kurzfristiges Geld relativ teuer, langfristiges Geld billiger. Solche inverse Zinsstrukturen gibt es nicht nur wenige Monate lang, sondern durchaus über Jahre (Hochkonjunktur).

HINWEIS Sobald man feststellt, dass sich die Zinsen von Langläufern in der Nähe der Zinsen von Kurzläufern bewegen, sollte man auf Kurzläufer umsteigen.

Und die Steuer?
Die Zinsen müssen versteuert werden. Wurde kein Freistellungsantrag gestellt, wird der 30%ige Zinsabschlag einbehalten.

Und der Euro?
Verträge über Termingelder können seit dem 1.1.1999 in Euro abgeschlossen werden. Zum 1.1.2002 werden alle laufenden Verträge auf Euro umgestellt.

AUF DEM PRÜFSTAND

Gemessen an den Kriterien der Anlagestrategie:
■ *Liquidität*
Termingelder gelten im Allgemeinen als kurzfristige Gelder. Sie werden zwischen einem und drei Monaten (manchmal bis zu einem Jahr) festgelegt. Sie stehen je nach Laufzeit

(und bei Kündigungsgeldern je nach Kündigungsfrist) vereinbarungsgemäß zur Verfügung.

Vor Terminablauf können die Gelder nicht gekündigt werden und stehen damit nicht zur Verfügung. Sehr wohl können Termingelder beliehen werden.

■ *Sicherheit*

So gut wie alle deutschen Banken sind Einlagensicherungssystemen angeschlossen. Dies bedeutet, dass im Falle eines Konkurses der Sicherungsfonds den Sparern das Geld ersetzt. Daher können Termingelder als absolut sicher betrachtet werden.

Welche Konditionen bieten Festgelder (mit festgelegten Laufzeiten)?

Stand: 09.11.98	Anlagebetrag 10.000 DM					Anlagebetrag 100.000 DM					Mindest-
	1 Mon.	3 Mon.	6 Mon.	9 Mon.	12 Mon.	1 Mon.	3 Mon.	6 Mon.	9 Mon.	12 Mon.	anlage
ALLBANK	2,00	2,00	2,75	–	3,50	2,25	2,25	2,75	–	3,50	10.000
American Express Bank	2,60	2,60	2,60	2,60	2,60	3,10	3,10	3,10	3,10	3,10	5.000
BANK 24 AG	2,95	3,00	3,00	2,95	2,90	3,10	3,15	3,15	3,10	3,50	5.000
Bank Austria	–	–	–	–	–	2,60	2,70	2,80	–	2,90	50.000
Bank Giro Tel	–	3,30	3,40	3,50	3,50	–	3,35	3,45	3,55	3,55	10.000
Bank Kreiss AG	2,90	3,00	3,10	3,10	3,40	3,10	3,20	3,30	3,30	3,45	5.000
Bankgeschäft Behncke	2,90	3,25	3,30	–	3,45	3,00	3,30	3,40	–	3,50	10.000
Bankhaus Bauer AG	2,90	3,10	3,25	–	–	3,05	3,25	3,30	–	–	10.000
Citibank Privatkunden AG	3,55	3,58	–	–	–	3,55	3,58	–	–	–	10.000
comdirect bank GmbH	–	–	3,20	3,20	3,25	–	–	3,20	3,20	3,25	1.000
CTB-Bank v. Essen	3,00	3,30	3,40	3,40	3,65	3,10	3,40	3,50	3,50	3,75	10.000
Debeka Bausparkasse AG	–	3,15	3,30	3,30	3,50	–	3,15	3,30	3,30	3,50	10.000
DSL-Bank	–	–	–	–	–	2,40	2,40	2,50	2,50	2,50	20.000
Edekabank AG	–	–	–	–	–	2,40	3,10	3,25	–	3,30	20.000
Frankfurter Sparkasse	–	–	–	–	–	2,80	2,80	–	–	–	20.000
NordFinanz Bank	2,60	2,90	3,10	–	3,30	3,00	3,20	3,30	–	3,50	10.000
norisbank AG	2,40	2,50	2,75	2,75	2,75	2,40	2,50	2,75	2,75	2,75	10.000
Oberbank AG	2,70	2,80	2,80	–	3,25	2,90	3,00	3,00	–	3,25	10.000
Optimus Bank	–	2,75	2,75	2,75	2,75	–	2,75	2,75	2,75	2,75	10.000
Oyak Anker Bank	3,00	3,30	3,40	3,40	–	3,00	3,30	3,40	3,40	–	5.000
Sparda-Bank Frankf. eG	2,50	2,70	2,70	2,70	3,00	3,00	3,00	3,00	3,00	3,00	10.000
Stadtsparkasse Augsburg	2,50	2,60	2,60	2,70	2,70	2,75	2,85	2,85	2,95	2,95	10.000
Stadtsparkasse Dresden	2,20	2,20	2,60	–	3,10	2,45	2,45	2,60	–	3,10	10.000
Stadtsparkasse Köln	2,50	2,75	–	–	–	2,75	3,00	–	–	–	10.000
Stadtsparkasse München	2,25	2,60	2,80	2,80	3,00	2,95	2,95	2,95	2,95	3,20	10.000
Volkswagen Bank direct	3,25	3,30	3,35	3,35	3,35	3,30	3,35	3,40	3,40	3,40	10.000
Weberbank	–	–	–	–	–	3,30	3,30	3,30	3,50	3,75	20.000

(Quelle: DM-online 11/98)

Welche Konditionen bieten Kündigungsgelder (täglich verfügbar)?

Institut/Angebotsbezeichnung Stand: 09.11.98	Mindest-anlage	Zins p.a.	Zins in % p.a. für Beträge ab				Zinsgut-schrift	Zins gilt seit
			10T	20T	50T	100T		
Advance Bank: Geldmarktkonto	10.000	2,80	2,80	2,80	3,10	3,10	¼j.	17.08.98
ALLBANK: ALLBANK-Geldmarktkonto	10.000	2,79	2,79	2,79	2,79	23,79	¼j.	12.10.98
Allg. Deutsche Direktbank: Extrakonto	1.000	3,00	3,00	3,00	3,00	3,00	jährl.	01.02.96
American Express Bank: Daily Cash	keine	2,20	2,30	2,30	2,60	2,60	mtl.	15.06.97
Augsburger Aktienbank: Tagesgeld	keine	2,50	3,00	3,00	3,00	3,00	mtl.	01.01.98
BANK 24 AG: Cash Spar 24	keine	2,80	2,90	2,90	3,00	3,00	¼j.	27.10.97
Bank Giro Tel: CashDirekt	keine	2,80	3,00	3,00	3,25	3,25	¼j.	01.01.98
Bank Giro Tel*: Visa-Karte	keine	3,00	3,00	3,00	3,00	3,00	mtl.	01.06.97
Bankgeschäft Behncke: Geldmarkt-Konto	5.000	3,00	3,00	3,00	3,10	3,15	mtl.	01.11.97
Bankhaus Bauer AG: Power-Konto	1.000	2,00	2,50	2,50	2,75	2,90	mtl.	31.08.98
Bankhaus Wölbern & Co.: Löwenkonto	20.000	3,00	–	3,00	3,00	3,00	mtl.	01.03.96
Barclays*: Kartenkonto	keine	2,00	2,50	2,50	2,50	2,50	mtl.	11.07.97
Berl. Bank AG*: ADAC GOLD Karten Kt.	keine	2,50	3,225	3,225	3,275	3,275	mtl.	15.07.96
Berliner Bank AG: Flexgeld	keine	2,25	2,25	2,625	2,875	3,125	¼j.	18.05.98
Berliner Spark./LBB*: VISA-Goldkarte	keine	2,50	2,50	2,75	2,90	3,00	mtl.	15.11.97
BHW Bank AG: BHW Giro Plus	1.000	2,50	2,75	2,75	3,00	3,00	¼j.	08.10.96
BHW Bank AG*: BHW Visa Card	keine	2,50	2,75	2,75	3,00	3,00	mtl.	08.10.96
BMW Bank: MobilPlus	keine	3,00	3,20	3,20	3,30	3,30	mtl.	31.01.96
CC-Bank: Abrufkonto	keine	2,50	2,75	2,75	3,00	3,00	mtl.	01.01.98
Citibank Privatkunden*: Visakartenkonto	keine	2,76	3,00	3,00	3,00	3,00	mtl.	01.06.97
comdirekt GmbH: Tagesgeldkonto	keine	2,70	2,80	2,80	3,00	3,00	mtl.	01.01.98
Commerzbank Eurocard*: Kartenkonto	keine	2,00	2,25	2,50	2,50	2,50	mtl.	17.11.97
CTB Bank v. Essen: Giro-Plus	keine	2,50	2,50	2,75	3,00	3,25	mtl.	01.11.97
Dresdner Bank Eurocard*: Kartenkonto	keine	2,50	2,50	2,85	2,85	2,85	¼j.	10.12.96
1822direkt: cashkonto	keine	3,00	3,10	3,10	3,25	3,25	mtl.	23.09.96
1822direkt*: cardkonto	keine	3,00	3,10	3,10	3,25	3,25	mtl.	23.09.96
Oberbank AG: Geldmarktkonto	10.000	2,25	2,25	2,25	2,50	2,75	¼j.	14.10.96
Optimus Bank*: Kundenkarte	500	2,50	2,50	2,50	2,50	2,50	mtl.	01.12.97
Oyak Anker Bank: Geldspeicherkonten	1.000	2,50	2,50	2,50	2,50	2,50	jährl.	23.06.97
Quelle Bank: Telefon-Pluskonto	1.000	2,80	2,80	2,85	3,10	3,10	mtl.	01.10.98
Quelle Bank*: Kreditkarten-Konto	keine	2,80	2,80	2,85	3,10	3,10	mtl.	01.10.98
Santander Direkt Bank: Tagesgeldkonto	keine	2,50	2,50	2,50	3,00	3,00	¼j.	13.10.97
Cosmos/SKG Bank: Cosmos Tele-Konto	3.000	2,50	2,50	2,75	3,00	3,10	¼j.	16.03.98
Stadtspark. München: cash-konto	10.000	3,00	3,00	3,00	3,20	3,20	¼j.	15.10.98
Volksbank Direkt: ZinskontoPlus	1.000	3,00	3,15	3,15	3,15	3,15	¼j.	01.05.96
Volkswagen Bank direct: Plus Konto	keine	3,00	3,05	3,05	3,25	3,25	mtl.	15.09.98
VW Bank direct*: PlusMinus Konto	keine	3,00	3,05	3,05	3,25	3,25	mtl.	15.09.98
Weberbank: Berliner Konto	keine	2,00	3,10	3,10	3,20	3,30	½j.	01.07.98

(Quelle: DM-online 11/98)   * = gilt nur für diese Kreditkartenbesitzer

▪ *Rentabilität*

Je höher die Anlagebeträge sind, desto attraktiver sind auch die Zinsen. Die Zinsen sind für kurzfristige Gelder durchaus gut. Sie richten sich nach dem Geldmarkt. Für die Laufzeit sind die Zinssätze fest, dann verändern sie sich gemäß der Entwicklung des Geldmarktes.

Bewertung im Überblick

Liquidität	[▢▢▢▢▢▢▢▢▢▢]
Sicherheit	[▢▢▢▢▢▢▢▢▢▢]
Rentabilität	[▢▢▢▢▢▢▢▢▢▢]

Empfehlung für die Anlagestrategie: Termingelder können ein wichtiger Baustein in der Geldanlagestrategie sein. Ist Geld frei verfügbar, stellt das Festgeld einen beliebten Parkplatz dar. Interessant sind Kündigungsgelder mit täglicher bzw. extrem kurzer Kündigungsfrist für Anleger, die Gelder parken und dabei höhere Zinsen kassieren wollen.

Termingelder haben einzig den Nachteil, dass sie meistens erst ab einer Anlagesumme von 10.000 DM zum Tragen kommen.

▷ Termingeld ist ein schicker Parkplatz für noch nicht angelegtes Vermögen.

TIPP
Die Angebote einzelner Banken sind unbedingt zu vergleichen, da man durchaus beachtliche Unterschiede feststellen kann. Durch geschickte Verhandlung sind 0,25 bis 0,5 Prozentpunkte Aufbesserung durchaus realistisch.

Größere Summen werden natürlich auch besser verzinst. Wer statt 10.000 DM den Betrag von 50.000 DM anlegt, sollte zwischen 0,25 und 0,75 Prozentpunkte bessere Konditionen erhalten. Bei Geldanlagen über 100.000 DM sollte man über den deutschen Zaun schauen und den Euromarkt in Luxemburg beachten. Dort kann man mit höheren Zinsen rechnen, da es zum Beispiel in Luxemburg keine Mindestreserve-Vorschriften gibt. Der Vorteil beträgt 0,25 Prozentpunkte. Es ist kein Problem, Festgelder in Luxemburg anzulegen. Fast alle deutschen Geldhäuser verfügen dort über eine Repräsentanz, sodass man das Geldgeschäft bequem von der Filiale in Deutschland aus erledigen kann. In Luxemburg angelegtes Geld unterliegt nicht dem deutschen Zinsabschlag. Die Zinsen sind jedoch als Einkommen aus Kapitalvermögen einkommensteuerpflichtig.

Die Zinsen richten sich nach den Eurogeldmarktsätzen „unter Banken", die in der *FAZ* und im *Handelsblatt* abgedruckt sind. Als Privatanleger erhält man einen etwas geringeren Prozentsatz, als im Geschäftsverkehr „unter Banken" üblich ist.

TIPP
Eine weitere Alternative sind Geldmarktfonds ohne Ausgabeaufschlag. Sie sind täglich verfügbar. Die Anlagegelder werden am Geldmarkt investiert. (Näheres hierzu siehe unter „Fonds")

Wo gibt's weitere Informationen?

Angebote über Termingelder erhält man an den Bankschaltern. Wer Eurogelder in Luxemburg anlegen möchte, informiere sich bei Banken mit Filialen bzw. Töchtern in Luxemburg.

Für attraktive Konditionen sind bekannt:

- AKB Privat- und Handelsbank GmbH, Köln;
- KKB Bank KGaA, Düsseldorf;
- Noris Bank, Nürnberg;
- Weber Bank, Berlin.

Wagemutige variieren mit Termingeldern weiter: Jetzt ist die Währung dran.

Anlageart: Termingelder (ausländische Valuta)

Was ist das?

Wer von höheren Zinsen im Ausland profitieren möchte, wählt am besten die Variante „Termingeld auf Währungskonto". Auf dem Währungskonto wird das Geld nicht in DM, sondern in einer vom Kunden zu bestimmenden ausländischen Währung angelegt.

Solche Währungskonten können sowohl bei deutschen Banken in Deutschland wie auch bei ausländischen Banken (oder den Töchtern deutscher Banken im Ausland) eingerichtet werden.

Die meisten Banken geben einen gewissen Mindestanlagebetrag vor. Er beträgt bei deutschen und ausländischen Banken meistens 20.000 DM.

Die ausländischen Töchter deutscher Banken verlangen dagegen wesentlich höhere Mindestanlagebeträge (ab 100.000 DM).

Engagiert man sich in Fremdwährungen, so muss man sich mit der Stärke einzelner Währungen besonders intensiv beschäftigen. Obwohl sich die Stärke einer Währung und die Relationen unter den einzelnen Währungen ständig verändern, sollen folgende allgemeine Aussagen versucht werden:

- Die DM ist eine der stärksten Währungen in Europa. Um die DM gruppieren sich hfl, bfrs, FF, dkr. Diese Währungen könnte man als Stabilitätskern bezeichnen. Daraus wurde der Euro.
- Der Dollarblock besteht aus US$, kan$ und A$. Gegenüber dem Stabilitätskern ist mehr Risiko zu erkennen bei weitgehend gleich bleibender Rendite.
- Die Hochzinswährungen stellen schließlich pts und Lira dar. Setzt man auf sie, bewegt man sich auf Spekulationsboden.
- Eine Sonderstellung nehmen der Yen und das Pfund ein. Der Yen hat wenig Rendite bei mittlerem Risiko, das Pfund mittlere Rendite bei mittlerem Risiko. Diese Eingruppierung kann sich allerdings jederzeit ändern.

So funktioniert's:

Am einfachsten ist es, bei einer deutschen Bank ein Währungskonto anzulegen. Das Geld wird in Fremdwährung umgerechnet und entsprechend den Regeln für Festgeld oder Kündigungsgeld festgelegt. Arbeitet man mit einer ausländischen Bank zusammen, so muss man das Geld dorthin überweisen. Die Kontoeröffnung kann postalisch erfolgen.

HINWEIS Will man Geld in Fremdwährung anlegen, sollte man sich überlegen ein Währungskonto als Verrechnungskonto zu eröffnen. Es übernimmt die Funktion eines Girokontos. Über dieses Konto können alle Fremdwährungsanlagen abgewickelt werden. Durch die Verrechnung über das Fremdwährungskonto muss der teure Währungsumtausch nicht vorgenommen werden.

Das kostet's:
An Kosten entstehen Spesen für Kauf bzw. Rückkauf der ausländischen Währung. Sie ergeben sich aus dem Unterschied zwischen Geld- und Briefkurs. Wird das Konto im Ausland eröffnet, fällt weiterhin die Überweisungsgebühr ins Ausland an. Wird das Geld im Inland eröffnet, ist eine Courtage von 0,25‰ auf den Währungsbetrag fällig. Weitere Verwaltungsgebühren können von Bank zu Bank unterschiedlich anfallen; bei Bedarf sind die Banken rechtzeitig (vor dem Abschluss) anzusprechen.

Und die Steuer?
Wird das Konto bei einer deutschen Bank in Deutschland geführt und existiert kein Freistellungsantrag, wird der 30%ige Zinsabschlag einbehalten. Nicht steuerpflichtig sind eventuelle Währungsgewinne.

Bei einer Bank im Ausland erfolgt kein Zinsabschlag. Die Zinsen sind aber dennoch als Kapitalerträge steuerpflichtig. Zu bedenken ist, dass auch in manchen anderen Ländern ein Zinsabschlag besteht, zum Beispiel in Österreich. Zwar kann man sich als Ausländer davon befreien lassen, umständlich ist das Procedere aber allemal.

Und der Euro?
Innerhalb der Währungsunion gibt es nur noch eine Währung. Will man Termingelder in US$ abschließen, ändert sich nichts.

AUF DEM PRÜFSTAND

Gemessen an den Kriterien der Anlagestrategie:
■ *Liquidität*
Termingelder in ausländischer Valuta sind entweder Festgelder oder Kündigungsgelder, gelten also im Allgemeinen als kurzfristige Gelder. Sie stehen je nach Laufzeit oder Kündigungsfrist vereinbarungsgemäß für weitere Dispositionen zur Verfügung.

■ *Sicherheit*
So gut wie alle deutschen Banken sind Einlagensicherungssystemen angeschlossen. Dies bedeutet, dass im Falle eines Konkurses der Sicherungsfonds den Sparern das Geld ersetzt. Daher sind Termingelder in ausländischer Valuta, die bei einer deutschen Bank in Deutschland angelegt werden, als absolut sicher einzustufen. Dies gilt natürlich nicht für

Termingelder, die bei ausländischen Banken oder bei deutschen Banken im Ausland angelegt werden. Hier muss man sich an den entsprechenden Bedingungen im jeweiligen Anlageland orientieren.
Währungskursänderungen muss man in das Kalkül einer solchen Anlage unbedingt einbeziehen.

■ *Rentabilität*

Je höher die Anlagebeträge sind, desto attraktiver sind auch die Zinsen. Der Zinsbetrag richtet sich nach dem Geldmarktzins im Land der jeweiligen Währung. Einzukalkulieren sind jedoch mögliche Veränderungen der Wechselkurse. Die Rendite besteht damit aus dem Zins und der Kursänderung.
Insbesondere durch Kursänderungen kann sich die Rendite der Anlage schnell und schlagartig ändern. Die Entwicklung der Währung ist aus diesem Grund aufmerksam zu verfolgen. Bei größeren Währungsänderungen sollte man in der Lage sein, sehr kurzfristig zu reagieren.

Bewertung im Überblick

Liquidität
Sicherheit
Rentabilität

Empfehlung für die Anlagestrategie:

Interessant sind Termingelder in ausländischer Valuta als kurzfristig angelegte Spekulationsgelder. Im Ausland kann man manchmal von einem höheren Zinsniveau profitieren und zusätzlich an Währungsschwan-

kungen partizipieren. Gerade darin liegt allerdings auch der Nachteil der Anlageart. Die Anlage ist mit relativ hohen Risiken behaftet. Es ist notwendig, den jeweiligen Geldmarkt und die Währungsentwicklung genau zu verfolgen und kurzfristig zu reagieren.
Ein Nachteil sind auch die relativ hohen Mindestanlagebeträge.

▷ Nichts für konservative Anleger mit schwachen Nerven.

TIPP

Kurzfristiges Festgeld in ausländischer Währung mit starker Kursschwankung gegenüber der DM sollte man nur anlegen, wenn man bewusst an Wechselkursänderungen partizipieren will. Vorsicht: Wir befinden uns hier bereits nahe an der Grenze zur Spekulation.

Wo gibt's weitere Informationen?

Man informiere sich bei international tätigen Großbanken.

Neue Ideen werden belohnt – lasst den kreativen Sparer an den Tresen!

Anlageart: FIBOR-Sparen

Was ist das?

Ein FIBOR-Konto ist eigentlich nichts anderes als ein Sparbuch, mit dem sich jedoch höhere Zinsen verdienen lassen. Trotzdem sind keine höheren Risiken damit verbunden. Ein Widerspruch? Nein, nur eine so genannte Finanzinnovation.

Der Anlagebetrag für FIBOR-Konten ist relativ hoch. Er liegt – von Bank zu Bank verschieden – bei 10.000 bis 50.000 DM. Die angelegten Gelder entsprechen Sparkonten oder Kündigungsgeldern, deren Anlagedauer grundsätzlich von Kündigungsfristen bestimmt ist.

Die Verzinsung orientiert sich am FIBOR, der Frankfurt Inter Bank Offered Rate. Dies ist der Durchschnittszinssatz, zu dem sich die Banken in Deutschland untereinander Geld leihen. Er wird auch als Interbankensatz bezeichnet.

So funktioniert's:

FIBOR-Konten, auch als Geldmarktkonten bezeichnet, kann man nur bei einigen wenigen, auf diese Anlageart spezialisierten Banken eröffnen.

Der vereinbarte Zins eines FIBOR-Kontos orientiert sich, unter Berücksichtigung eines gewissen (z. B. 10 %igen) Abschlags, am FIBOR. Liegt der FIBOR beispielsweise bei 9,9 %, könnte der vereinbarte Zinssatz bei einem 10 %igen Abschlag 8,91 % betragen. Der vereinbarte Zinssatz wird entweder zu den vereinbarten Kündigungsfristen (z. B. vierteljährlich) oder zu festen Terminen (z. B. viermal im Jahr) dem aktuellen FIBOR angepaßt. Zwischen diesen Zinsanpassungsterminen bleibt der Zins konstant. Dies bedeutet, dass der Sparer bei fallenden Zinsen profitiert (er erhält noch bis zum nächsten Zinstermin die höheren Zinsen), bei steigenden Zinsen muss er jedoch auch mit einer Angleichung bis zum Zinsanpassungstermin warten. Ein gewisses Risiko liegt in der Zinsveränderung nach unten. Manche Banken begrenzen dies mit einem „floor", einem garantierten Mindestzinssatz. Verändert sich der FIBOR nach unten, wird der Zinssatz des FIBOR-Kontos höchstens bis zum vereinbarten „floor" angepasst.

Bei einem FIBOR-Kontrakt sind folgende Parameter bestimmend:
- Mindestanlagesumme,
- Festlegungszeit,
- Kündigungszeit,
- Verzinsung (Abschlag vom FIBOR),
- Zinsfestlegungstermine,
- Mindestzinssatz (floor).

Das kostet's:

Eine Kontoführungsgebühr wird nicht erhoben. Es handelt sich im Prinzip um eine ganz normale Spareinlage.

Und die Steuer?

Die Zinsen müssen versteuert werden. Wurde kein Freistellungsantrag gestellt, wird der 30 %ige Zinsabschlag einbehalten.

Und der Euro?

Es bleibt den einzelnen Instituten überlassen, wann sie die Verträge auf Euro umstellen. Man kann aber davon ausgehen, dass die meisten Verträge zum 1.1.1999 umgestellt worden sind.

AUF DEM PRÜFSTAND

Gemessen an den Kriterien der Anlagestrategie:

■ *Liquidität*

Während der Festlegungszeit ist das Geld nicht verfügbar. Je nach Kontrakt wird das Geld ein Jahr oder länger festgelegt. (Es gibt auch FIBOR-Konten, auf denen man täglich über das Geld verfügen kann. In den meisten Fällen ist die Liquidität jedoch eingeschränkt.)

■ *Sicherheit*

Fast alle deutschen Banken sind Einlagensicherungssystemen angeschlossen. Dies bedeutet, dass im Falle eines Konkurses der Sicherungsfonds den Sparern das Geld ersetzt. Daher gilt das auf FIBOR-Konten angelegte Geld als absolut sicher.

■ *Rentabilität*

Der Zinssatz ist attraktiv. Im Vergleich zum normalen Sparbuch mit seinen 2 oder 3% Zinsen kassiert man fast dreimal so viel Zinsen und geht doch kein größeres Risiko ein. Das FIBOR-Konto ist in den meisten Fällen auch noch attraktiver als die klassischen Termingelder. Dies muss jedoch nicht immer zwingend zutreffen. Ein Vergleich ist angebracht. Die Rendite liegt tendenziell etwas höher als bei Termingeldern.

Bewertung im Überblick

Liquidität
Sicherheit
Rentabilität

Empfehlung für die Anlagestrategie:

Auf FIBOR-Konten können Gelder (manchmal) kurzfristig geparkt (tägliche Kündigungsmöglichkeiten), meistens aber mittelfristig angelegt werden (ein bis drei Jahre). Aufgrund der Rendite sind FIBOR-Konten ein äußerst attraktiver Baustein für die Anlagestrategie.

Die Vorteile liegen eindeutig in der guten Verzinsung, den geringen Risiken und der einfachen Handhabung. Als Nachteil ist die relativ hohe Anlagesumme zu nennen.

▷ Ein attraktiver mittelfristiger Vermögensparkplatz, der jedoch Mitdenken erfordert.

TIPP

Eine gute Alternative zu FIBOR-Konten sind so genannte Floater. Ihre Zinsen sind ebenfalls an den FIBOR (oder LIBOR) gekoppelt. Sie sind jedoch börsennotiert, sodass der Vorteil der Liquidität gewahrt bleibt. Die Floater können bereits ab 1.000 DM erstanden werden. Verteuernd wirken für den kurzfristigen Anleger die Bankspesen bei Kauf und Verkauf.

Wo gibt's weitere Informationen?

Nicht allzu viele Banken bieten FIBOR-Konten an. Überraschenderweise gibt es bei vielen Großbanken und Sparkassen diese Anlageart nicht. Innovativer erscheinen hier die kleineren Banken.

Rund um Anleihen

Vom Kontensparen ist der Weg nicht mehr weit bis zum Sparen mit Anleihen. Wir befinden uns im zweiten „Lehrjahr" für Geldanleger.

Was ist das?
Anleihen sind Wertpapiere. Man kann den Begriff ganz wörtlich nehmen: Papiere, die etwas wert sind. Wir werden unterschiedliche Arten von Wertpapieren kennen lernen. Um sie einzuordnen, versuchen wir eine Systematisierung.
Übliche Unterscheidungen sind:
- nach dem Zins: festverzinsliche Papiere oder variable Papiere;
- nach der Laufzeit: kurz-, mittel- und langfristige Papiere;
- nach dem Aussteller: Staats- oder Industriepapiere;
- nach dem Sitz des Ausstellers: Inlands- oder Auslandspapiere;
- nach der Währung: DM-Papiere oder Währungspapiere;
- nach dem Veränderungsrisiko: Papiere ohne Kursrisiko und Papiere mit Kursrisiko.

HINWEIS Sollten Sie einmal den Begriff „Bond" hören, lassen Sie sich davon nicht irritieren. Auch darunter versteht man Anleihen. Anleihen heißen auf Englisch „Bonds". Man hat es sich angewöhnt, auch im deutschen Fachjargon überwiegend von Bonds zu sprechen.

Über eine Anleihe wird im Prinzip eine Urkunde ausgegeben. Diese Urkunde nennt man Schuldverschreibung. Hierbei unterscheidet man zwischen Inhaber-Schuldverschreibungen und Namens-Schuldverschreibungen. In der Inhaber-Schuldverschreibung wird der Name des Anlegers nicht vermerkt. Dies ist die gängige börsennotierte Form der Schuldverschreibung. Sie ist auch relativ leicht und bequem weiterzugeben und weiterzuverkaufen. Die Namens-Schuldverschreibungen sind dagegen auf den Namen des Anlegers ausgestellt. Eine Weitergabe ist relativ umständlich, da die Urkunde umgeschrieben werden muss.
Eine Anleihe besteht aus dem Mantel und dem Bogen. Der Mantel ist die eigentliche, den Wert bezeichnende Urkunde. Auf ihm steht unter anderem der Nennwert, die Währung und der Emittent. Der Bogen besteht aus lauter kleinen Abschnitten, die den Zins- oder Dividendenanspruch verkörpern. Der einzelne Kupon enthält – neben dem Schuldner – den Wert und das Datum.
Mantel und Bogen kann man aber gleich wieder vergessen, denn für die meisten Anleihen werden keine Urkunden mehr ausgedruckt. Dementsprechend können auch keine Urkunden ausgehändigt und keine Zinsscheine getrennt werden.
In den weiteren Ausführungen unterscheiden wir folgendermaßen:
- Sparbrief (für Anfänger).

Was der Staat so bietet:
- Bundesschatzbriefe (alle Achtung),
- Finanzierungsschätze (auf jeden Fall interessant),

- Bundesanleihen und -obligationen (nicht zu unterschätzen),
- Pfandbriefe und Kommunalobligationen (überdenkenswert).

Was Industrie und Banken bieten:

- Industrieanleihen (eher „out"),
- Bankenanleihen (Überraschungen möglich).

Die Bankkünstler gelten als die Erfinder von „modernen" Finanzierungsinstrumenten. Wir kennen sie unter dem Begriff „Finanzinnovation" (für Neugierige geeignet):

- Floater,
- Gleitzinsanleihen,
- Zero-Bonds,
- Annuitäten-Bonds,
- Ewige Anleihen.

Ein Blick über die Grenzen:

- DM-Auslands- und Währungsanleihen (für Fortgeschrittene mit Risikovorliebe).

Im Graubereich zwischen Anleihen und Aktien sind einige Mischformen angesiedelt (für Fortgeschrittene):

- Wandelanleihen,
- Optionsanleihen,
- Genussscheine.

Wer sich nicht um alles selbst kümmern möchte, kümmert sich nur um Fonds (für intelligente Faule) – aber auch davon gibt es bereits jede Menge:

- Rentenfonds und Finanzinnovationen im Fondsgewand.

HINWEIS Wie kann man den Rentenmarkt, also den Markt der Anleihen, in seiner Gesamtheit beurteilen? Zwei Indizes leisten dabei Unterstützung. Als Erster wurde der REX veröffentlicht, der deutsche Rentenindex. Die Frankfurter Wertpapierbörse veröffentlicht täglich den REX-Kursindex, der auf Basis der täglichen Schlußkurse eines Depots aus 30 gängigen öffentlichen Anleihen aufbaut. Der REXP (der Rex-Performance-Index) soll einen noch besseren Durchblick garantieren. Es handelt sich dabei um eine Weiterentwicklung des REX. In diesen Index fließen nicht nur die Kursveränderungen am Rentenmarkt ein, sondern auch die gezahlten Zinsen. Aus beiden Komponenten errechnet sich der wahre Erfolg eines Investments am Rentenmarkt. Der REX und der REXP sollen den Anlegern eine Kennziffer in die Hand geben, die das Ergebnis einer Geldanlage in Rentenwerten überprüfbar macht. Der REXP hat als Basisdatum den 31.12.1987 (Index = 100). Am 23.10.1998 hatte der Index einen Stand von 221,9 Punkten erreicht. Ein an den REX angelehntes Depot hätte in diesem Zeitraum einen Wertzuwachs von 122% erwirtschaftet. Was bedeutet das für den Anleger? REX und REXP sind eine Messlatte für den Anleger. Sie lassen ihn leichter die Frage beantworten, ob sich eine ausgewählte Geldanlage besser, schlechter oder mit der Messlatte entwickelt hat oder entwickeln wird.

Banken beschreiten manchmal recht einfache Wege, um zu Geld zu kommen; viele Sparer merken's gar nicht.

Anlageart: Sparbrief

Was ist das?

Sparbriefe sind Wertpapiere, die von einzelnen Banken ausgegeben werden. Die Banken beschaffen sich dadurch Mittel für ihre Bankgeschäfte. Es ist ganz einfach: Die Bank druckt ein Papier, auf dem sie verspricht, bis zu einem gewissen Termin den eingezahlten Betrag wieder zurückzuzahlen und darüber hinaus noch Zinsen zu zahlen.

Sparbriefe erhält man nur bei der Bank, die diesen Sparbrief herausgegeben hat. Auch nur von dieser Bank wird das Zahlungsversprechen wieder eingelöst. Man kann die Sparbriefe nicht einfach weitergeben oder verkaufen; sie werden nicht an der Börse gehandelt. Daher bezeichnet man einen Sparbrief auch als ein „nicht börsengängiges Wertpapier". Der Sparbrief stellt für viele Sparer nach dem Sparkonto die erste Bekanntschaft mit einer (immer noch primitiven) Form der Vermögensanlage dar.

So funktioniert's:

Der Anleger erhält den Sparbrief in Form einer Urkunde. In der Urkunde stehen Betrag, Zinssatz, Laufzeit, Name der Bank und Name des Anlegers.

Im Allgemeinen erhält nur der genannte Anleger zum angegebenen Zeitpunkt den vereinbarten Betrag.

Es gibt aber auch Sparbriefe, die man als Inhaberpapiere bezeichnet. Dies bedeutet, dass derjenige, der den Sparbrief präsentiert, auch den entsprechenden Gegenwert erhält. Die Stückelung ist relativ gering. Häufig kann man bereits ab 100 DM einen Sparbrief kaufen.

Die Laufzeit ist unterschiedlich. Meist liegt sie zwischen vier und acht Jahren. Es gibt aber auch Sparbriefe mit einer Laufzeit von nur einem Jahr oder von gar zehn Jahren. Die Rückzahlung erfolgt am Laufzeitende zu 100 %. Das heißt, es besteht kein Risiko, dass sich der Sparbetrag ändern könnte.

Es gibt unterschiedliche Typen von Sparbriefen. Bezogen auf die Auszahlung des Ertrags unterscheidet man:

- normal verzinsliche Sparbriefe,
- abgezinste Sparbriefe,
- aufgezinste Sparbriefe,
- zinsvariable Sparbriefe.

Beim Normaltyp werden die Zinsen halbjährlich oder jährlich nachträglich ausbezahlt. Zusätzlich erhält man nach Ablauf der Laufzeit den Nominalbetrag zurück.

Beispiel für normal verzinsliche Sparbriefe

Sparbrief über 100 DM, Normaltyp, 7 % Zinsen, Laufzeit fünf Jahre. Der Sparer erhält am Ende eines jeden Jahres Zinsen in Höhe von 7 DM; nach fünf Jahren wird der Anlagebetrag von 100 DM ausbezahlt.

Beim Abzinsungstyp werden alle Zinsen, die während der gesamten Laufzeit anfallen, bereits vom Kaufpreis abgezogen. Die Zinsen sind also im Kaufpreis berücksichtigt.

Beispiel für abgezinste Sparbriefe

> Sparbrief über 100 DM, Abzinsungstyp, 7 % Zinsen, Laufzeit fünf Jahre.
> Der Sparer muss für den Sparbrief nur 71,30 DM bezahlen. Nach fünf Jahren erhält er 100 DM zurück.

Beim Aufzinsungstyp werden die Zinsen einbehalten und am Ende der Laufzeit inklusive Zinseszinsen zusammen mit dem Anlagebetrag ausbezahlt.

Beispiel für aufgezinste Sparbriefe

> Sparbrief über 100 DM, Aufzinsungstyp, 7 % Zinsen, Laufzeit fünf Jahre.
> Der Sparer erhält nach fünf Jahren 140,26 DM zurück. Dies entspricht dem Nominalbetrag zuzüglich Zinsen und Zinseszinsen.

Zinsvariable Sparbriefe unterliegen keinem variablen Zins, sondern sind mit einem festen, aber steigenden Zinssatz ausgestattet. Sie sind ähnlich gestaltet wie die Bundesschatzbriefe.

Beispiel für zinsvariable Sparbriefe

> Sparbrief über 100 DM, Laufzeit fünf Jahre, zinsvariabel nach folgendem Schema:
>
> | 1. Jahr | 2. Jahr | 3. Jahr |
> |---------|---------|---------|
> | 4,50 % | 5,75 % | 6,00 % |
> | 4. Jahr | 5. Jahr | |
> | 6,25 % | 6,75 % | |
>
> Der Sparer erhält im 1. Jahr Zinsen in Höhe von 4,50 DM, im 2. Jahr von 5,75 DM, im 3. Jahr von 6,00 DM, im 4. Jahr von 6,25 DM und im 5. Jahr in Höhe von 6,75 DM. Das sind insgesamt 29,25 DM, allerdings ohne Zinseszins. Die Summe entspricht einem effektiven Zinssatz von 5,79 %. Nach Ende des 5. Jahres erhält der Sparer den Anlagebetrag in Höhe von 100 DM zurück.

Das kostet's:
Der Kauf eines Sparbriefes kostet keine Gebühren.

Und die Steuer?
Die Zinsen müssen versteuert werden. Wurde kein Freistellungsantrag gestellt, wird der 30 %ige Zinsabschlag einbehalten. Eine gewisse steuerliche Beeinflussung ist durch die Wahl von Ab- und Aufzinsungstypen gegeben. Die Zinsen werden bei diesen Sparbriefen steuerlich erst zum Ende der Anlageperiode fällig. Befindet man sich zu diesem Zeitpunkt in einer niedrigeren Steuerprogressionsstufe (zum Beispiel, wenn eine Pensionierung bevorsteht), so sind diese Anlagetypen vor-

rangig zu berücksichtigen. Verkauft man während der Laufzeit, ist der aufgelaufene Wertzuwachs entsprechend der Besitzzeit steuerpflichtig.

Und der Euro?
Es bleibt den einzelnen Instituten überlassen, wann sie die Verträge auf Euro umstellen. Man kann aber davon ausgehen, dass die meisten Verträge zum 1.1.1999 umgestellt worden sind.

AUF DEM PRÜFSTAND

Gemessen an den Kriterien der Anlagestrategie:
▪ *Liquidität*
Der Verkauf und die vorzeitige Rückgabe von Sparbriefen ist im Allgemeinen ausgeschlossen. Sie können jedoch beliehen werden.

▪ *Sicherheit*
Nahezu alle deutschen Banken sind Einlagensicherungssystemen angeschlossen. Dies bedeutet, dass – im Falle eines Konkurses – der Sicherungsfonds den Sparern das Geld ersetzt. Daher gilt das in Sparbriefen angelegte Geld als absolut sicher. Schuldner ist der Herausgeber des Sparbriefes, also eine Bank. Die Qualität dieses Schuldners kann normal als erstklassig angesehen werden.
Mit einem Sparbrief geht man kein Wertveränderungsrisiko ein. Der Anlagebetrag ist fixiert. Die Rückzahlung erfolgt zu 100%.
Es entsteht kein Zinsrisiko, der Zins ist fest vereinbart.

Es besteht außerdem kein Währungsrisiko, da der Anlagebetrag auf DM lautet.

ACHTUNG Der Sparbrief ist mündelsicher. Was heißt das? Mündelsichere Papiere sind besonders sichere Papiere, sie dürfen daher auch zur Anlage von Mündelgeldern (Geldern bevormundeter Personen) verwendet werden. Dies ist festgelegt in §1807 BGB. An erster Stelle sind festverzinsliche Papiere von Bund, Ländern und Gemeinden zu nennen. Seit 1940 gehören auch Pfandbriefe, Kommunalobligationen und Sparbriefe öffentlich-rechtlicher Realkreditinstitute und bestimmter inländischer Sparkassen dazu. Die als mündelsicher geltenden Wertpapiere werden im Bundesgesetzblatt veröffentlicht.

▪ *Rentabilität*
Der Sparbrief wirft höhere Zinsen ab als ein Sparbuch, hat jedoch eine geringere Rendite als eine (börsenfähige) Anleihe.

Bewertung im Überblick

Liquidität	▨▯▯▯▯▯▯▯▯▯
Sicherheit	▨▨▨▨▨▨▨▨▯▯
Rentabilität	▨▨▯▯▯▯▯▯▯▯

Empfehlung für die Anlagestrategie:
Für sehr konservative Sparer geeignet. Ein Vorteil liegt in der kleinen Stückelung. Man kann bereits mit geringen Kapitalbeträgen Sparbriefe kaufen. Da die Zinsen jedoch zu ge-

ring sind, ist diese Anlageform nur bedingt zu empfehlen.

▷ Der Sparbrief ist für sicherheits-fanatische Anleger gedacht, die sich von redegewandten Bankan-gestellten gerne verführen lassen.

TIPP
Der Vergleich lohnt. Man sollte nicht gleich bei seiner Hausbank kaufen, sondern durchaus die Angebote ver-schiedener Banken vergleichen. Häufig bieten Teilzahlungsbanken

attraktivere Zinssätze. Diese Spar-briefe sind aber meistens nicht mün-delsicher.

Ein Vergleich mit den Bundesschatz-briefen ist auf jeden Fall angebracht. Deren Rendite ist ähnlich, die Li-quidität jedoch besser. Nach zwölf Monaten kann man über das Geld verfügen.

Wo gibt's weitere Informationen?
Bei allen Banken, Sparkassen und Finanzinstituten.

Welche Konditionen bieten Sparbriefe?

Institut Stand: 09.11.98	1 J.	2 J.	3 J.	4 J.	5 J.	6 J.	7 J.	8 J.	9 J.	10 J.	Mindestanlage Stückelung
Aachener Bausparkasse AG	–	3,30	3,40	3,70	3,90	4,10	–	4,30	–	4,50	1.000
AKB, Köln	–	3,80	–	4,50	4,75	–	–	–	–	–	1.000
CC-Bank	3,50	3,75	4,00	4,25	4,75	–	–	–	–	–	500
Citibank	–	–	–	b. 3,75	b. 3,75	b. 3,85	–	–	–	–	5.000
comdirect bank GmbH	3,25	3,25	3,30	3,50	3,65	–	–	–	–	–	1.000
Commerzbank AG	–	–	3,40	3,25	3,50	3,75	–	4,00	–	–	500
CTB-Bank v. Essen	–	4,00	–	4,25	4,50	–	4,75	–	–	5,25	500
Debeka Bausparkasse AG	3,50	3,55	3,60	4,40	4,80	4,85	4,95	5,10	5,10	5,30	5.000
Deutsche Bank	–	–	–	3,50	3,60	3,75	3,85	4,00	4,10	4,20	5.000
Dresdner Bank	–	–	–	b. 4,00	b. 4,25	–	–	–	–	–	1.000
Edekabank AG	–	3,50	3,75	4,00	4,25	–	–	–	–	–	5.000
Frankfurter Sparkasse	–	–	–	3,75	3,80	–	4,00	4,20	–	–	10.000
GKB, Berlin	3,25	3,50	3,63	3,75	4,00	–	–	–	–	–	10.000
Gladbacherbank	3,10	3,30	3,50	3,90	4,10	4,25	4,40	4,45	4,60	4,60	10.000
NordFinanz Bank	–	3,90	4,00	4,60	4,75	4,85	–	–	–	4,85	10.000
norisbank AG	–	–	–	4,50	4,75	4,75	–	–	–	–	1.000
Oberbank AG	3,25	3,75	4,25	4,75	–	–	–	–	–	–	5.000
Postbank Köln	–	–	–	3,50	–	3,75	–	–	–	–	5.000
Quelle Bank	3,40	3,50	3,60	3,80	3,90	4,00	4,20	4,30	–	–	500
Santander Direkt Bank	–	3,25	3,50	3,75	4,00	4,25	4,50	4,75	5,00	5,25	1.000
SKG Bank GmbH	3,60	3,80	4,00	4,25	4,50	–	–	–	–	4,75	5.000
Sparda-Bank Berlin eG	–	3,25	–	3,50	4,15	–	–	–	–	–	1.000

(Quelle: DM-online 11/98)

Schon der Begriff erfordert einiges Nachdenken: Welcher Schatzsucher gräbt nach Bundesschatzbriefen?

Anlageart: Bundesschatzbriefe

Was ist das?

Bundesschatzbriefe werden von der Bundesrepublik Deutschland angeboten. Sie dienen der Beschaffung von Geldmitteln, die dann wiederum zur Finanzierung staatlicher Ausgaben verwendet werden.

Die Briefe haben eine Stückelung von 100 DM, eine mittlere Laufzeit von sechs oder sieben Jahren, können jedoch bereits nach Ablauf von zwölf Monaten wieder zu Geld gemacht werden. Es gibt **zwei Arten von Bundesschatzbriefen**. Beide Typen unterscheiden sich in der Laufzeit und in der Art der Verzinsung.

Konditionen für Typ A: Die Laufzeit beträgt sechs Jahre. Der Zinssatz wird jährlich ausbezahlt.

Konditionen für Typ B: Die Laufzeit beträgt sieben Jahre. Die Zinsen werden gesammelt und am Ende der Laufzeit ausbezahlt.

Für beide Typen ist der Zinssatz gestaffelt. Damit soll ein Anreiz gegeben werden, die Bundesschatzbriefe nicht vor Ende der Laufzeit zu verkaufen (was durchaus möglich ist). Eine typische Staffelung zeigt das Beispiel auf Seite 51 oben.

Die aktuellen Zinssätze stehen im Wirtschaftsteil der Tageszeitungen. Die aktuellen Konditionen kann man erfahren über: Tel.: 0 69/1 97 18.

So funktioniert's:

Bundesschatzbriefe können bei allen Banken und Sparkassen sowie bei den Landeszentralbanken und den Filialen der Deutschen Bundesbank gebühren- und spesenfrei erworben werden. Allerdings erhält man keine Urkunde, sondern lediglich eine Schuldbuchforderung in Form einer Bankbestätigung. Man kann die Abwicklung auch direkt über eine Landeszentralbank oder die Bundesschuldenverwaltung abwickeln. Dann fallen keine Gebühren an.

Das kostet's:

Der Erwerb von Bundesschatzbriefen ist gebührenfrei. Werden sie im Depot einer Bank verwaltet, fallen allerdings Depotgebühren an (1,25‰ vom Nennwert). Die Landeszentralbanken verlangen für die Verwahrung 1‰ vom Nennwert. Die Betreuung durch die Bundesschuldenverwaltung ist kostenlos.

Und die Steuer?

Die Zinsen müssen versteuert werden. Wurde kein Freistellungsantrag gestellt, wird der 30%ige Zinsabschlag einbehalten. Beim Typ A erfolgt die Zahlung der Zinsen jährlich. Damit wird auch ein jährlicher Zinsabschlag vorgenommen bzw. die entsprechende Zinsbesteuerung durchgeführt. Beim Typ B werden die Zinsen erst nach Ablauf (also nach sieben Jahren) fällig. Damit kann man die Steuerbelastung beeinflussen und sie in eine Zeit einer niedrigeren Progressionsstufe verschieben (zum Beispiel nach Pensionierung).

Und der Euro?
Bundesschatzbriefe werden vorerst nicht umgestellt. Die Erstausgaben zwischen dem 1.1.1999 und dem 31.12.2001 erfolgen nach wie vor in DM. Erst zum 1.1.2002 werden alle laufenden Bundesschatzbriefe auf Euro umgestellt.

AUF DEM PRÜFSTAND

Gemessen an den Kriterien der Anlagestrategie:

■ ***Liquidität***
Der Verkauf der Bundesschatzbriefe ist nach einer Sperrfrist von zwölf Monaten möglich. Nach dieser Zeit können bis zu 10.000 DM pro Sparer innerhalb von 30 Zinstagen verkauft werden. Die Beleihung von Bundesschatzbriefen ist jederzeit möglich.

■ ***Sicherheit***
Schuldner ist die Bundesrepublik Deutschland. Sie garantiert mit ihrem Steueraufkommen für die Sicherheit der Papiere. Die Qualität dieses Schuldners ist erstklassig.
Mit den Bundesschatzbriefen trägt der Sparer kein Wertveränderungsrisiko. Der Anlagebetrag ist fixiert. Die Rückzahlung erfolgt zu 100%.
Es besteht kein Zinsrisiko, der Zins ist fest vereinbart.
Es besteht außerdem kein Währungsrisiko, da der Anlagebetrag auf DM lautet.
Die Bundesschatzbriefe sind mündelsicher.

■ ***Rentabilität***
Wichtig ist die Rendite nach Beendigung der gesamten Laufzeit. Sie ist überraschend gut. Bei den angegebenen Beispielen ergibt sich eine Rendite von 3,74% bei Typ A und 3,96% bei Typ B; bei den ausgezeichneten Sicherheiten ist dies akzeptabel.

Bewertung im Überblick

Liquidität
Sicherheit
Rentabilität

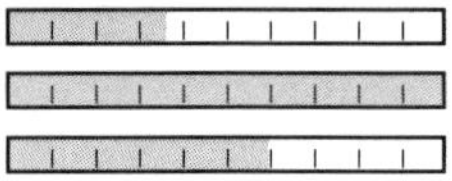

Empfehlung für die Anlagestrategie:
Die Bundesschatzbriefe sind für Kleinanleger und für konservative, auf Sicherheit bedachte Anleger interessant. Der Zinssatz über die Gesamtlaufzeit verdient die Bewertung „gut". Ein gewisser Nachteil liegt in der relativ langen Laufzeit.

ACHTUNG Welcher Typ ist günstiger? Gemessen an der Rendite ist der siebenjährige Typ B günstiger. Nachteil: Das Geld liegt ein Jahr länger fest. Großer Vorteil: Die Zinsen werden wieder angelegt und verzinsen sich erneut. Man erhält sein Vermögen (Nominalwert und Zinsen) in einer Summe zurück. Diese Summe lässt sich leichter wieder anlegen, als wenn man Anlagemöglichkeiten für den jährlichen Zinsbetrag sucht.

▶ Ehe man sein Geld auf Sparbüchern oder Sparbriefen vergammeln lässt, sollte man sich mit Bundesschatzbriefen eindecken.

Staffelung für Bundesschatzbriefe

Laufzeitjahr	Nominalzins	Rendite	
		Typ A	Typ B
1. Jahr	2,50%	2,50%	2,50%
2. Jahr	3,00%	2,75%	2,75%
3. Jahr	3,50%	2,99%	3,00%
4. Jahr	4,25%	3,29%	3,31%
5. Jahr	4,50%	3,51%	3,55%
6. Jahr	5,00%	3,74%	3,79%
7. Jahr	5,00%	–	3,96%

TIPP

Die meisten Anleger wissen nicht, dass alle Bundeswertpapiere bei der Bundesschuldenverwaltung in Bad Homburg in das Bundesschuldenbuch eingetragen werden. Die Bundesschuldenverwaltung übernimmt kostenlos die Betreuung der Wertpapiere, die Gutschrift von Zinszahlungen sowie die Einlösung bei Fälligkeit. In das Bundesschuldenbuch können eingetragen werden: Anleihen und Obligationen des Bundes, der Bundesbahn und der Bundespost, Bundesschatzbriefe und Bundesobligationen. Dies gilt nicht für Finanzierungsschätze, die jedoch gebührenfrei bei den Landeszentralbanken verwaltet werden. Die Abwicklung in der Praxis ist relativ einfach. Man erteilt seiner Bank einen entsprechenden Auftrag. Naturgemäß ziehen die Banken eine kostenpflichtige Aufbewahrung in den eigenen Depots vor. Hierfür zählen sie eine Menge von Argumentationen auf. Der Anleger sollte sich davon jedoch nicht beeindrucken lassen. Wertpapierkäufe können nicht direkt über die Bundesschuldenverwaltung vorgenommen werden, sondern nur über die Kreditinstitute. Deshalb sind diese auch verpflichtet auf Wunsch des Anlegers Anträge für das Bundesschuldenbuch anzunehmen. Die Daten des persönlichen Schuldbuchkontos unterliegen dem Schuldbuchgeheimnis, für das die gleichen Regelungen wie für das Bankgeheimnis gelten.

Informationen: Bundesschuldenverwaltung, Tel.: 0 61 72/10 80

Wer schon seit längerer Zeit Bundesschatzbriefe gekauft hat, sollte einmal die aktuelle Verzinsung der älteren Schatzbriefe überprüfen. Es kann vorkommen, dass der gerade gültige Zins (zum Beispiel im dritten oder vierten Jahr) niedriger ist als der Zins von neuen Bundesschatzbriefen im ersten Jahr. Dann sollte man sich vorzeitig von den alten Schatzbriefen trennen und dafür Neuausgaben anschaffen.

Wo gibt's weitere Informationen?
Informationsdienst für Bundeswertpapiere, Postfach 10 12 50,
60012 Frankfurt, Tel.: 0 69/74 77 11

Auch die Finanzierungsschätze sind eine Erfindung des Staates und sollen die bürgerlichen Schatzsucher anspornen.

Anlageart: Finanzierungsschätze

Was ist das?

Finanzierungsschätze werden genauso wie die Bundesschatzbriefe von der Bundesrepublik Deutschland herausgegeben. Im Gegensatz zu den Schatzbriefen fällt die Laufzeit erheblich kürzer aus. Sie beträgt ein oder zwei Jahre. Die Stückelung beläuft sich auf 1.000 DM oder das Mehrfache. Die Verbriefung erfolgt in Sammelurkunden, das heißt, es werden an den Sparer keine Einzelurkunden herausgegeben.

Es gibt zwei Typen, die sich in der Laufzeit unterscheiden:

- Typ 1: ein Jahr Laufzeit,
- Typ 2: zwei Jahre Laufzeit.

So funktioniert's:

Finanzierungsschätze können bei Banken und Sparkassen sowie bei den Landeszentralbanken und den Filialen der Deutschen Bundesbank gebühren- und spesenfrei erworben werden.

Finanzierungsschätze sind so genannte Abzinsungspapiere. Das Papier wird zu seinem Nennwert abzüglich der Zinsen gekauft. Am Rückzahlungstag erhält man den vollen Nennwert. Der Zinsbetrag ist die Differenz zwischen Nennwert und Kaufpreis, wie die beiden folgenden Beispielrechnungen zeigen:

Finanzierungsschätze

Typ 1	
Mit einjähriger Laufzeit – Verkaufszinssatz 3,10 %	
Für eine Jahresanlage über	1.000,00 DM
Kaufpreis	969,00 DM
Wert nach 1 Jahr	
(Nominal- und Einlösungswert)	1.000,00 DM
Zinsertrag für 1 Jahr	31,00 DM
Rendite (= Zinsertrag bezogen auf den Kaufpreis)	3,20 %
Typ 2	
Mit zweijähriger Laufzeit – Verkaufszinssatz 3,14 %	
Für eine Zweijahresanlage über	1.000,00 DM
Kaufpreis	937,20 DM
Wert nach 2 Jahren	
(Nominal- und Einlösungswert)	1.000,00 DM
Zinsertrag für 2 Jahre	62,80 DM
Rendite (= Zinsertrag bezogen auf den Kaufpreis)	3,30 %

(Quelle: Uni Essen-online 9/98)

Die aktuellen Zinssätze entnehme man dem Wirtschaftsteil der Tageszeitungen. Man kann sie auch vom telefonischen Ansagedienst erfahren: Tel.: 0 69/1 97 18

Das kostet's:

Der Erwerb von Finanzierungsschätzen ist gebührenfrei. Werden sie im Depot einer Bank verwaltet, entstehen die entsprechenden Depotgebühren (1,25‰ vom Nennwert, Mindestgebühr 10 DM). Die Verwaltung bei den Landeszentralbanken ist dagegen kostenlos.

Und die Steuer?

Die Zinsen müssen unbedingt versteuert werden. Wurde kein Freistellungsantrag gestellt, wird der 30%ige Zinsabschlag einbehalten.

Bei den zweijährigen Finanzierungsschätzen setzt die Besteuerung erst
bei Fälligkeit, also im zweiten Jahr,
ein. Verbunden ist damit ein gewisser Steuerstundungseffekt.

Und der Euro?
Finanzierungsschätze werden vorerst nicht umgestellt. Die Erstausgaben zwischen dem 1.1.1999 und dem
31.12.2001 erfolgen nach wie vor in
DM. Erst zum 1.1.2002 werden alle
laufenden Finanzierungsschätze auf
Euro umgestellt.

AUF DEM PRÜFSTAND

Gemessen an den Kriterien der Anlagestrategie:
▪ *Liquidität*
Eine vorzeitige Rückgabe an den
Staat ist nicht möglich. Die Finanzierungsschätze können jedoch beliehen werden.

▪ *Sicherheit*
Schuldner ist die Bundesrepublik
Deutschland. Sie garantiert mit
ihrem Steueraufkommen für die Sicherheit der Papiere. Die Qualität
dieses Schuldners ist erstklassig.
Bei den Finanzierungsschätzen trägt
der Sparer kein Wertveränderungsrisiko. Der Anlagebetrag ist fixiert.
Die Rückzahlung erfolgt zu 100%.
Es besteht kein Zinsrisiko, der Zins
ist fest vereinbart. Es besteht außerdem kein Währungsrisiko, da der
Anlagebetrag auf DM lautet.
Die Finanzierungsschätze sind mündelsicher.

▪ *Rentabilität*
Die laufende Verzinsung ist von den
jeweiligen Zinsen auf dem Kapitalmarkt abhängig. Die Rendite ist mit
derjenigen der Bundesschatzbriefe
vergleichbar.

Bewertung im Überblick

Liquidität	⊏⊏⊏⊏⊏⊏⊏⊏⊏⊐
Sicherheit	⊏⊏⊏⊏⊏⊏⊏⊏⊏⊏
Rentabilität	⊏⊏⊏⊏⊏⊏⊏⊏⊏⊐

Empfehlung für die Anlagestrategie:
Geringe Kosten, kein Risiko und wesentlich höhere Zinsen als auf dem
Sparkonto. Da kann man die geringere Liquidität verschmerzen.
Für konservative, auf Sicherheit bedachte Anleger gehören Finanzierungsschätze ins Depot.

▷ Wir können dem Staat durchaus
den Gefallen erweisen, einige
Schätzchen zu kaufen.

TIPP
Vor dem Kauf von Finanzierungsschätzen sollte man seine Liquidität
überprüfen. Benötigt man das Geld
im nächsten oder in den nächsten
zwei Jahren nicht, sind die Schätze
eine gute Anlagemöglichkeit.

Wo gibt's weitere Informationen?
Informationsdienst für Bundeswertpapiere, Postfach 10 12 50,
60012 Frankfurt, Tel.: 0 69/74 77 11

Der Staat hat die Börse entdeckt. Über diese bietet er Anleihen und Obligationen an.

Anlageart: Bundesanleihen und Bundesobligationen

Was ist das?

Bundesanleihen und Bundesobligationen ähneln sich stark; unter beiden Begriffen versteht man Staatsanleihen.

Sie machen fast 40 % der Rentenpapiere aus und sind daher eine äußerst wichtige Finanzierungsquelle des Staates.

Bundesanleihen und Bundesobligationen sind festverzinsliche Wertpapiere. Ihre Ausgabe nennt man Emission. Wer sie ausgibt oder auflegt, ist der Emittent, denn er emittiert Wertpapiere.

HINWEIS Der Unterschied: Bundesanleihen werden von der Bundesrepublik Deutschland, der Deutschen Bundesbahn und der Deutschen Bundespost sowie vom Fonds „Deutsche Einheit" herausgegeben. Die Laufzeit beträgt im Allgemeinen zehn Jahre.

Die Bundesobligationen werden nur von der Bundesrepublik Deutschland emittiert. Die Laufzeit beträgt fünf Jahre.

Die Stückelung beläuft sich auf 100 DM (Nennwert). Der Käufer erwirbt in Höhe des Nennwerts eine Forderung gegenüber dem Emittenten. Diesen Nennwert zahlt der Emittent am Rückzahlungstag der Anleihe wieder zurück. Der Rückzahlungstag wird bereits bei der Auflegung bestimmt. Die Zeitspanne zwischen dem Tag der Auflegung und dem Rückzahlungstag ist die Laufzeit (bei Bundesanleihen im Allgemeinen zehn Jahre, bei Obligationen fünf Jahre). Der Zinssatz ist über die gesamte Laufzeit fest.

So funktioniert's:

An den Verkaufstagen einer Emission kann man die Bundesanleihen zum Emissionskurs (Ausgabekurs) beziehen. Dieser kann entweder auf den Nennwert (100 %) lauten oder etwas niedriger oder höher liegen. Der Kurs hängt vom Zinsniveau am Kapitalmarkt ab. Einige Tage später werden die Anleihen an der Börse eingeführt. Sie gehören damit zu den „umlaufenden Anleihen".

HINWEIS Die Börse ist ein Markt für Wertpapiere. Der Tagespreis ergibt sich aus dem jeweiligen Verhältnis von Angebot und Nachfrage. Der Tagespreis heißt Börsenkurs.

Die Preise für eine Bundesanleihe oder Bundesobligation findet man in den Kurstabellen im Wirtschaftsteil der Tagespresse. Die Preise beziehen sich auf den Nennwert von 100 DM. Will man Bundesanleihen kaufen, so beauftragt man damit eine Bank oder eine Sparkasse (oder die Landeszentralbank oder eine Filiale der Deutschen Bundesbank), das gewünschte Wertpapier zu besorgen.

Über die Teilbeträge der Bundesanleihen wurden früher Urkunden ausgestellt und dem Käufer ausgehändigt. Seit 1972 verzichtet man auf diesen Aufwand. Die neue Form, bei der keine Wertpapierurkunden mehr ausgegeben werden, nennt man Wertrechtsanleihe.

Für die Verwahrung und Verwaltung der Forderungen gibt es folgende zwei Möglichkeiten:

- Die Bank eröffnet für den Käufer ein Wertpapier-Depotkonto, auf dem alle Wertpapiere des Sparers verzeichnet und alle Veränderungen eingetragen werden.
- Der Käufer kann seine Staatsanleihen auf seinen Namen in das Bundesschuldenbuch bei der Bundesschuldenverwaltung eintragen lassen.

Wenn man festverzinsliche Wertpapiere an der Börse kauft, findet man in der Abrechnung des beauftragten Kreditinstituts eine Belastung mit der Bezeichnung „Stückzinsen". Dabei handelt es sich um die Zinsen, die seit dem letzten Zinsausschüttungstermin aufgelaufen sind und dem Vorbesitzer zustehen. Beim Verkauf werden die entsprechenden Stückzinsen (also die angefallenen, aber noch nicht ausgezahlten Zinsen) dem Verkäufer gutgeschrieben. Stückzinsen, die der Verkäufer erhält, müssen versteuert werden. Sie sind Einnahmen aus Kapitalvermögen. Die Stückzinsen, die beim Kauf belastet wurden, können allerdings von den Guthabenzinsen wieder abgezogen werden. Dann muss lediglich der Zinsanteil versteuert werden, der in der Zeitspanne anfiel, in der sich das Wertpapier im eigenen Besitz befand.

Das kostet's:
Der Kauf der Neuemission ist gebührenfrei. Beim Kauf von umlaufenden Anleihen und Obligationen entstehen folgende Nebenkosten:
Bankprovision: 0,5 % vom Kurswert (einmalig);
Maklergebühr: 0,075 % vom Nennwert (einmalig).
Hinzu kommen die Depotgebühren: 0,125 % vom Nennwert (jährlich).
Man kann die Bundesanleihen und Bundesobligationen auch kostenlos von der Bundesschuldenverwaltung in Bad Homburg betreuen lassen. In diesem Fall muss dem Kreditinstitut ein entsprechender Auftrag gegeben werden.

Und die Steuer?
Zinsen aus Staatsanleihen sind grundsätzlich steuerpflichtig. Hat man keinen Freistellungsauftrag erteilt, wird der 30 %ige Zinsabschlag von der Bank einbehalten.
Kursgewinne bleiben steuerfrei. Umgekehrt allerdings wirken Kursverluste auch nicht steuermindernd.

HINWEIS Als Anleger kann man Steuern sparen, wenn man an den Börsen Anleihen und Obligationen mit möglichst niedriger Nominalverzinsung zu entsprechend niedrigen Kursen erwirbt. Im Vergleich zu höher verzinslichen Papieren ist die Rendite nämlich weitgehend gleich;

die Steuern zahlt man jedoch nur auf die niedrigen Nominalzinsen. Damit ist die Rendite nach Steuern insgesamt attraktiver. Für den Geldanleger mit hoher Progressionsstufe ist nur die Rendite nach Steuern das aussagekräftige Kriterium.

Und der Euro?
Alle börsennotierten Emissionen des Bundes sind seit dem 1.1.1999 auf Euro umgestellt. Seit diesem Zeitpunkt erfolgen auch die Neuemissionen in Euro.

AUF DEM PRÜFSTAND

Gemessen an den Kriterien der Anlagestrategie:
- *Liquidität*
Die Anleihen sind an der Börse verkaufbar. Damit ist eine gute Liquidität sichergestellt. Unter Umständen muss man einen gewissen Kursabschlag in Kauf nehmen.
Benötigt man nur vorübergehend Geld, sollte man sich überlegen, ob man die Bundeswertpapiere nicht beleihen lässt. Sie werden von den

Beispiel zur Errechnung der effektiven Rendite

Die effektive Rendite kann man sich mit einer vereinfachten Rechenformel selbst ermitteln:

$$\text{Rendite} = \frac{\text{Nominalzins x 100}}{\text{Börsenkurs}} + \frac{100 - \text{Börsenkurs}}{\text{(Rest-)Laufzeit}}$$

Hat man also eine 4%ige Anleihe im Nennwert von 100 DM mit einer Restlaufzeit von fünf Jahren zum Kurs von 100% gekauft, dann erhält man pro Jahr 4 DM Zinsen. Kauft man die 4%ige Anleihe zum Kurs von 99%, so erhält man auch 4 DM Zinsen im Jahr, denn der Nominalzins ändert sich dadurch nicht. Im ersten Fall aber musste man 100 DM für die Anleihe bezahlen, im zweiten Fall nur 99 DM.
Die Rendite berechnet sich im ersten Fall nach der Formel:

$$\text{Rendite} = \frac{4 \times 100}{100} + \frac{100 - 100}{5} = 4\%$$

Im zweiten Fall errechnet sich die Rendite so:

$$\text{Rendite} = \frac{4 \times 100}{99} + \frac{100 - 99}{5} = 4,04 + 0,20 = 4,24\%$$

Die mathematisch exakte – mit komplizierteren Formeln errechnete – Rendite beträgt 4,23%.

Banken bis zu 80% ihres Wertes beliehen.

■ *Sicherheit*
Schuldner ist die Bundesrepublik Deutschland. Sie garantiert mit ihrem Steueraufkommen für die Sicherheit der Papiere. Die Qualität dieses Schuldners ist auf jeden Fall erstklassig. Mit den Staatsanleihen trägt der Sparer, sofern er eine Neuemission ersteht, kein Wertveränderungsrisiko. Der Anlagebetrag ist fixiert. Die Rückzahlung des Geldes erfolgt zu 100%.
Wird während der Laufzeit die Anleihe an der Börse verkauft oder gekauft, besteht natürlich ein gewisses Wertveränderungsrisiko.
Es besteht kein Zinsrisiko, der Zins ist fest vereinbart. Es besteht außerdem kein Währungsrisiko, da der Anlagebetrag auf DM lautet.

■ *Rentabilität*
Bundesanleihen und Bundesobligationen sind mit einem festen Zinssatz ausgestattet. Er wird bei der Ausgabe festgelegt und heißt Nominalzins. Man bekommt zu festen Terminen den festen Nominalzins ausbezahlt. Für die Rendite ist aber nicht die nominale Verzinsung maßgeblich, sondern auch der Börsenkurs. Die Rendite ist geprägt vom Nominalzins und vom Börsenkurs, zu dem die Anleihe gekauft wurde. Weiterhin müssen noch die Kosten berücksichtigt werden.
Die Rendite von Bundesanleihen und Bundesobligationen ist gut und

durchaus marktüblich. Andere börsennotierte Anleihen, zum Beispiel Industrieanleihen, bringen zwar deutlich mehr Rendite, doch sind dann Einschränkungen in der Sicherheit hinzunehmen.

Bewertung im Überblick

Liquidität	▭▭▭▭▭▭▭▭▭
Sicherheit	▭▭▭▭▭▭▭▭▭
Rentabilität	▭▭▭▭▭▭▭▭

Empfehlung für die Anlagestrategie:
Die Sicherheit von Bundesanleihen und Bundesobligationen ist ein großer Vorteil, schließlich zeichnet der Staat als Schuldner. Außerdem ist die relativ geringe Stückelung positiv zu werten. Die Rendite gilt als gut und marktgerecht.
Für konservative, auf Sicherheit bedachte Anleger gehören Staatsanleihen ins Depot.

▷ Die Bundesanleihen beweisen, dass es auch staatliche Seiten gibt, denen man sich mit gutem Gewissen zuwenden kann.

TIPP
Will man Depotgebühren vermeiden, empfiehlt es sich, die Bundesanleihen und Bundesobligationen auf den eigenen Namen in das Bundesschuldenbuch eintragen zu lassen. Informationen erhält man bei:
Bundesschuldenverwaltung
Postfach 1245, 61282 Bad Homburg,
Tel.: 0 61 72/10 80

Die Konditionen der Bundeswertpapiere

Bundesanleihen

An der Börse notierte umlaufende Bundesanleihen mit Restlaufzeiten von in der Regel bis zu 10 Jahren rentieren – je nach Restlaufzeit – bis über 3,6% pro Jahr.

Bundesobligationen-Serie 128

Zinslaufbeginn:	26. August 1998
Nominalzinssatz:	3,75%
Ausgabekurs:	101,30%
Rendite:	3,45%
Laufzeit:	5 Jahre

Umlaufende an der Börse notierte Bundesobligationen rentieren – je nach Restlaufzeit – bis über 3,6% pro Jahr.

(Quelle: Uni Essen-online 10/98)

Nicht nur der Bund benötigt Geld, sondern auch die Länder und die Städte. Das Gleiche trifft auf die Spezialinstitute wie die Kreditanstalt für Wiederaufbau und die Deutsche Ausgleichsbank zu. Sie alle geben Anleihen heraus. Die Konditionen sind denen der Bundesanleihen ähnlich; auch die Bewertung für die Geldanlagestrategie fällt ähnlich aus. Man kann den Kurs und die Rendite dem Wirtschaftsteil der Zeitung entnehmen und sollte diese Papiere durchaus in die Kaufentscheidung mit einbeziehen.

Entscheidung: Langläufer oder Kurzläufer?

Bundesanleihen gibt es mit den unterschiedlichsten Laufzeiten bis hin zu einer Dauer von 30 Jahren. Wenn man vor der Entscheidung steht, sich einen Langläufer oder einen Kurzläufer zu kaufen, muss man wissen, dass die Hebelwirkung von Änderungen des Zinsniveaus auf den Kurs umso kräftiger ausfällt, je länger die Laufzeit einer Anleihe währt. Das heißt, bei einer langen Laufzeit verändert die Zinsanpassung den Kurs stärker als bei kurzen Laufzeiten. Daraus ergibt sich als Faustregel für den Anleger von festverzinslichen Wertpapieren: Nach einer Trendwende des Zinsniveaus nach unten bieten Langläufer aufgrund der Hebelwirkung die höchsten Kursgewinnchancen. Bei einer Veränderung des Zinsniveaus nach oben stellt man fest, dass die Hebelwirkung die Anpassung des Kurses verzögert.

Entscheidung: Niedrigzins- oder Hochzinsanleihen?

Die Nominalzinsen sind einkommensteuerpflichtig, die Kursgewinne unterliegen dagegen nicht der Einkommensteuer. So macht es durchaus Sinn, dass derjenige, der einen hohen Progressionssatz in der Einkommensteuer aufweist, mit Niedrigzinsern (bei relativ niedrigem Kurs) durchaus vorteilhaft fährt. Der effektive Zins wird interessant, der reale Zins (nach Steuer) kann sogar äußerst attraktiv sein.

Hochzinser werden meistens mit einem Aufschlag über 100% gehandelt. Differenzen zwischen höheren Anschaffungskursen und niedrigeren Einlösungskursen sind steuerlich nicht absetzbar. Daher wird man aus steuerlicher Sicht auch gleich zweimal bestraft. Zum einen: Man hat zu teuer eingekauft und kann dies in der Steuererklärung nicht angeben. Zum anderen: Man hat einen relativ hohen Nominalzins akzeptiert, auf den wiederum Einkommensteuer anfällt. Wer kaum Steuern bezahlt, ist dagegen mit dem Hochzinser gut bedient: Die nominalen Zinsen entsprechen den effektiven Zinsen.

Wo gibt's weitere Informationen?
Informationsdienst für Bundeswertpapiere
Postfach 10 12 50
60012 Frankfurt
Tel.: 0 69/74 77 11

Aktuelle Konditionen erhält man telefonisch bei:
Tel.: 0 69/1 97 18

Nicht nur der Staat möchte sich am Vermögen der Sparer bedienen; die Hypothekenbanken und Landesbanken können da durchaus mithalten.

Anlageart: Pfandbriefe und Kommunalobligationen

Was ist das?
Pfandbriefe und Kommunalobligationen werden von den Hypothekenbanken und Landesbanken (Girozentralen) herausgegeben. Das Kapital wird dann als Darlehen an Bauherren für die Durchführung von Bauvorhaben weitergeleitet. Die Besicherung erfolgt durch Hypotheken. Davon leitet sich auch der Name vieler Banken ab. (Hypothekenbanken sind Banken, die Hypotheken als Besicherung von Darlehen verwenden.) Mit den Geldern aus Kommunalobligationen finanzieren Bund, Länder, Gemeinden und viele andere öffentlich-rechtliche Körperschaften ihre Investitionen.

So funktioniert's:
Pfandbriefe und Kommunalobligationen kann man entweder als Neuemission oder als umlaufende Papiere über die Börse kaufen. Man gibt hierzu seiner Bank einen entsprechenden Auftrag. Die Verbriefung der gezeichneten Anteile erfolgt im Allgemeinen durch eine Sammelurkunde. Dann erhält man von der Bank lediglich eine entsprechende Bestätigung, aber keine Einzelurkunde. Die Aushändigung von Einzelurkunden erfolgt seltener (zum Beispiel bei Sparbriefen).

Man kann Pfandbriefe und Kommunalobligationen entweder über die Börse wieder veräußern oder am Ende der Laufzeit zur Rückzahlung einreichen. Die Rückzahlung erfolgt zu 100%.

Die Stückelung beläuft sich auf 100 DM. Die Laufzeit beträgt in der Regel 10 Jahre, sie kann aber auch länger dauern. Der Zinssatz ist über die gesamte Laufzeit fest und wird jährlich ausbezahlt.

Das kostet's:
Neue Emissionen werden an den Ersterwerber spesenfrei abgegeben. Beim Erwerb von umlaufenden Papieren entstehen Bankgebühren.
Bankprovision: 0,5% auf den Kurswert (einmalig);

Maklergebühr: 0,075 % auf den Kurswert (einmalig).
Für die Verwahrung im Depot fallen Depotgebühren an.
Depotgebühren: 1,25‰ vom Nominalwert (jährlich).

Und die Steuer?

Die Zinsen müssen versteuert werden. Wurde kein Freistellungsantrag gestellt, wird der 30%ige Zinsabschlag einbehalten.

HINWEIS Pfandbriefe und Kommunalobligationen haben häufig eine sehr lange Laufzeit bei geringen Zinsen. Die Börse reagiert entsprechend und bietet viele Papiere mit großen Kursabschlägen an. Dies ist vorteilhaft für Anleger, die ihre Freibeträge bereits ausgeschöpft haben. Steuerlich relevant ist der relativ niedrige Nominalzins. Durch den Kursabschlag kann die Rendite nach Steuern interessant werden.

Und der Euro?

Alle börsennotierten Emissionen des Bundes sind seit dem 1.1.1999 auf Euro umgestellt. Seit diesem Zeitpunkt erfolgen auch die Neuemissionen in Euro.

AUF DEM PRÜFSTAND

Gemessen an den Kriterien der Anlagestrategie:
■ *Liquidität*
Während der Laufzeit können Pfandbriefe und Kommunalobligationen nicht gekündigt werden. Sie können jedoch als umlaufendes Papier über die Börse jederzeit verkauft werden. Man muss gegebenenfalls mit Kursverlusten rechnen.

■ *Sicherheit*
Hypotheken- und Landesbanken sind erstklassige Schuldner. Ihnen ist die Verwendung ihrer Mittel gesetzlich vorgeschrieben. Die Anlage ist mündelsicher; sie beinhaltet kein Zins-, kein Währungs-, jedoch ein gewisses Wertveränderungsrisiko (Kursrisiko), wenn sie über die Börse gekauft und verkauft wird.

■ *Rentabilität*
Pfandbriefe und Kommunalobligationen haben häufig eine sehr lange Laufzeit bei „normalen" Zinsen. Damit sinkt die Attraktivität dieser Anlage. Die Börse reagiert entsprechend und bietet viele Papiere mit großen Kursabschlägen an. In diesen Fällen kann ein Einstieg sehr wohl interessant werden.
Insgesamt muss man jedoch feststellen, dass Pfandbriefe und Kommunalobligationen den Bundesanleihen an Bonität kaum nachstehen. Dennoch liegt ihre Rendite in der Regel um einen viertel bis einen halben Prozentpunkt höher.

Bewertung im Überblick

Liquidität	▭
Sicherheit	▭
Rentabilität	▭

Empfehlung für die Anlagestrategie:
Die Langläufer sind heute nicht mehr „in". Laufzeiten von fünf Jahren sind mittlerweile auch mit besseren Zinssätzen ausgestattet. Pfandbriefe und Kommunalobligationen gelten als sehr sichere Anlagen, aber nicht als Renditezugpferde. Für sicherheitsbewusste Anleger dennoch zu empfehlen.

▷ Wer Sicherheit als oberstes Gebot schätzt, liegt bei Pfandbriefen und Kommunalobligationen gerade richtig.

TIPP
Zunächst sollte man den Wertpapierberater der Hausbank befragen, welche Pfandbriefe in den Eigenbeständen der Bank vorliegen. Die erhält man im Allgemeinen zum Nettokurs. Es fallen also keine weiteren Börsengebühren an.
Allerdings sollte auch geklärt werden, ob die Chance besteht, diese Papiere weiterverkaufen zu können (manchmal ist der Markt recht eng). In der Regel nimmt die Bank empfohlene Papiere auch zurück, wenn der Verkauf an der Börse schwierig ist.
Man sollte nicht alle Pfandbriefe aus einer Serie kaufen, sondern sich einen bunten Strauß von Papieren mit unterschiedlicher Restlaufzeit zusammenstellen. Das hat den Vorteil, dass regelmäßig ein Teilbetrag des Geldes frei wird und anderweitig verwendet werden kann. Mit diesem einfachen Trick lässt sich die Liquidität verbessern.

Mit Pfandbriefen kann man auch einen schönen Sparplan erarbeiten. Spart man monatlich 500 DM in 8%ige Pfandbriefe, ergibt sich nach zehn Jahren ein Gesamtvermögen von 84.169 DM, nach 20 Jahren sogar von 270.614 DM. Es gehört nur etwas Selbstdisziplin dazu.

Wo gibt's weitere Informationen?
Informationen erhält man von:
Deutscher Pfandbrief Dienst
Neue Mainzer Str. 66
60311 Frankfurt
Tel.: 0 69/28 15 55

Was dem Staat und den Hypothekenbanken recht ist, kann der Industrie nur billig sein.

Anlageart: Industrieanleihen

Was ist das?
Nichts Neues: Bedeutende Industrieunternehmen wie BASF, Mannesmann, Siemens, VW oder VEBA geben Industrieanleihen heraus. Auch Kaufhäuser wie Karstadt und Kaufhof sind dabei vertreten, wenngleich sie nicht unter den Begriff „Industrie" fallen. Mit solchen Anleihen schaffen sich diese Unternehmen eine Verstärkung ihrer Kapitalbasis. Aber: Industrieanleihen sind heute nicht mehr sehr gefragt. Die Unternehmen beschreiten andere Wege der Kapitalbeschaffung.

So funktioniert's:

Die Industrieanleihen kann man entweder als Neuemission kaufen (heute eher selten) oder als umlaufende Papiere über die Börse erwerben. Man gibt hierzu seiner Bank einen entsprechenden Auftrag. Die Industrieanleihen können entweder wieder über die Börse veräußert oder am Ende der Laufzeit beim Emittenten zur Rückzahlung eingereicht werden. Die Rückzahlung erfolgt zu 100%.
Die Stückelung beläuft sich auf 100 DM. Die Laufzeit beträgt in der Regel 10 bis 20 Jahre. Der Zinssatz ist über die gesamte Laufzeit fest und wird zu bestimmten Terminen jährlich ausbezahlt.

Das kostet's:

Neue Emissionen werden an den Ersterwerber spesenfrei abgegeben. Beim Erwerb von umlaufenden Papieren entstehen Bankgebühren.
Bankprovision: 0,5% auf den Kurswert (einmalig);
Maklergebühr: 0,075% auf den Kurswert (einmalig).
Für die Verwahrung im Depot fallen Depotgebühren an.
Depotgebühren: 1,25‰ vom Nominalwert (jährlich).

Und die Steuer?

Die Zinsen müssen versteuert werden. Wurde kein Freistellungsantrag gestellt, wird der 30%ige Zinsabschlag einbehalten.

Und der Euro?

Alle börsennotierten Emissionen des Bundes sind seit dem 1.1.1999 auf Euro umgestellt. Seit diesem Zeitpunkt erfolgen auch die meisten Neuemissionen in Euro. Es gibt jedoch keine allgemein verbindliche Regelung.

AUF DEM PRÜFSTAND

Gemessen an den Kriterien der Anlagestrategie:

■ *Liquidität*
Während der Laufzeit kann die Industrieanleihe nicht gekündigt werden. Sie kann jedoch als umlaufendes Papier über die Börse jederzeit verkauft werden. Man muss gegebenenfalls mit Kursverlusten rechnen.

■ *Sicherheit*
Große Unternehmen sind erstklassige Schuldner, wenngleich (in der Theorie) nicht ganz so sicher wie staatliche Schuldner. Industrieobligationen sind daher nicht mündelsicher.

Welche Konditionen bieten Industrieanleihen?

Produktname	Laufzeit	Zinssatz nominal (%)	Kurs	Rendite in % p.a.
ProSieben	1998–2005	5,500	102,9	4,940
Sixt	1996–2001	5,500	103,6	4,229
Ciba Spez.	1998–2005	4,875	103,2	4,300

(Quelle: Handelsblatt 11/98)

Die Anlage beinhaltet kein Zinsrisiko, kein Währungsrisiko, jedoch ein gewisses Wertveränderungsrisiko (Kursrisiko), wenn sie über die Börse gekauft und verkauft wird.

■ *Rentabilität*

Industrieobligationen haben eine etwas bessere Rendite als Pfandbriefe und Kommunalobligationen. Ihre Nominalzinsen sind bei der langen Laufzeit ebenfalls sehr gering. Damit gelten auch Industrieobligationen nicht gerade als sehr attraktive Anlagen. Die Börse reagiert entsprechend und bietet viele Papiere mit großen Kursabschlägen an. Dann kann ein Einstieg interessant werden.

Bewertung im Überblick

Liquidität

Sicherheit

Rentabilität

Empfehlung für die Anlagestrategie:
Die Langläufer sind heute nicht mehr „in". Industrieobligationen gelten zwar als sichere Anlagen, sind aber nicht gerade sehr renditestark. Für den sicherheitsbewussten Anleger dennoch zu empfehlen.

▶ Wer Sicherheit als oberstes Gebot schätzt, liegt bei Industrieanleihen richtig.

TIPP

Man sollte auf Papiere achten, deren Börsenwerte stark gesunken sind. Bei niedrigen Kursen und absehbaren Restlaufzeiten kann man vielleicht das eine oder andere Schnäppchen machen.

Wo gibt's weitere Informationen?
Auskünfte erteilen die Banken und Sparkassen.
Hält man nach Schnäppchen Ausschau, sollte man sich intensiv mit dem Börsenteil der Zeitungen beschäftigen.

Das Spiel geht weiter.
Was dem Staat und den Hypothekenbanken recht ist, die Industrie entdeckt und verworfen hat, kann den Banken nur billig sein.

Anlageart: Bankanleihen

Was ist das?
Nichts Neues: Wenn schon Industrieunternehmen Anleihen herausgeben, ist es nicht verwunderlich, dass dies auch Banken tun. Wenn Industrieanleihen nicht mehr sehr gefragt sind, kann man aber nicht ableiten, dass dies auch auf Bankanleihen zutrifft.

So funktioniert's:
Die Bankanleihen kann man entweder als Neuemission kaufen oder als umlaufende Papiere über die Börse. Man gibt hierzu seiner Bank einen entsprechenden Auftrag. Die Wertpapiere können entweder wieder über die Börse veräußert oder am Ende der Laufzeit zur Rückzahlung eingereicht werden. Die Rückzahlung erfolgt zu 100%.

Die Stückelung beläuft sich auf 100 DM. Die Laufzeit beträgt in der Regel bis zu zehn Jahre. Der Zinssatz ist über die gesamte Laufzeit fest und wird jährlich ausbezahlt.

Das kostet's:

Neue Emissionen werden an den Ersterwerber spesenfrei abgegeben. Beim Erwerb von umlaufenden Papieren entstehen Bankgebühren.
Bankprovision: 0,5% auf den Kurswert (einmalig);
Maklergebühr: 0,075% auf den Kurswert (einmalig).
Für die Verwahrung im Depot fallen Depotgebühren an.
Depotgebühren: 1,25‰ vom Nominalwert (jährlich).

Und die Steuer?

Die Zinsen müssen versteuert werden. Wurde kein Freistellungsantrag gestellt, wird der 30%ige Zinsabschlag einbehalten.

Und der Euro?

Alle börsennotierten Emissionen des Bundes sind seit dem 1.1.1999 auf Euro umgestellt. Seit diesem Zeitpunkt erfolgen auch die meisten Neuemissionen in Euro. Es gibt jedoch keine allgemein verbindliche Regelung.

AUF DEM PRÜFSTAND

Gemessen an den Kriterien der Anlagestrategie:

■ *Liquidität*

Während der Laufzeit kann die Bankanleihe nicht gekündigt werden. Sie kann jedoch als umlaufendes Papier über die Börse jederzeit verkauft werden. Man muss gegebenenfalls mit Kursverlusten rechnen.

■ *Sicherheit*

Große Banken sind erstklassige Schuldner, wenngleich (in der Theorie) nicht ganz so sicher wie staatliche Schuldner. Bankanleihen sind daher nicht mündelsicher.
Die Bankanleihe beinhaltet kein Zinsrisiko und kein Währungsrisiko, jedoch ein gewisses Wertveränderungsrisiko (Kursrisiko), wenn sie über die Börse gekauft und verkauft wird.

■ *Rentabilität*

Bankanleihen haben eine etwas bessere Rendite als Pfandbriefe und Kommunalobligationen. Die Nominalzinsen sind im Allgemeinen höher als bei Industrieanleihen, die Laufzeiten geringer.

Welche Konditionen bieten Bankanleihen?

Produktname	Laufzeit	Zinssatz nominal (%)	Kurs	Rendite in % p.a.
Dt. Girozentrale 97	1997–2004	5,00	102,55	3,72
KfW 91	1991–2001	8,50	111,60	3,72
KfW 90	1990–2000	8,75	108,00	3,63

(Quelle: BÖRSE ONLINE 9/98)

Bewertung im Überblick

Liquidität
Sicherheit
Rentabilität

Empfehlung für die Anlagestrategie:
Bankanleihen können durchaus interessant sein, wenngleich die normalen „konservativen" Anleihen etwas an Attraktivität verloren haben. Man orientiere sich an der effektiven Verzinsung. Vergleiche zwischen den Angeboten mehrerer Banken sind unbedingt notwendig.

▷ Wer lange genug sucht, kann ab und zu ein Schnäppchen machen.

Wo gibt's weitere Informationen?
Auskünfte erteilen die Banken und Sparkassen. Hält man nach Schnäppchen Ausschau, sollte man den Börsenteil der Zeitungen studieren.

Nicht überzubewerten, aber interessant – einige Anlagemöglichkeiten aus der Wunderkiste der Finanzinnovationen.

Anlageart: Finanzinnovationen

Was ist das?
Die Finanzinnovationen sind nichts anderes als Bankanleihen, lediglich die Konditionen wurden etwas fantasiereicher gestaltet.

Die klassische Anleihe hat folgende Merkmale:
▪ fester Zinssatz,
▪ regelmäßige Zinsausschüttung,
▪ Tilgung am Laufzeitende in einem Betrag,
▪ feste Anlagedauer.
Finanzinnovationen sind Variationen der klassischen Merkmale einer Anleihe:
▪ Statt festem Zinssatz wird ein variabler Zinssatz eingeführt. Damit erhält man eine Floating Rate Note, einen so genannten „Floater" – oder einen Umkehrfloater. Auch Zinszuwachs- oder Gleitzinsanleihen können in diese Kategorie eingeordnet werden.
▪ Statt regelmäßiger Zinsausschüttung wird der Zins bereits in dem Ausgabepreis berücksichtigt. Mit dieser Veränderung erhält man den Zero-Bond.
▪ Statt fester Anlagedauer wird diese endlos verlängert. Man erhält eine so genannte „ewige Anleihe" (Perpetual).

Zinspessimisten schwärmen für Floater.

Anlageart: Floater

Was ist das?

Bei den normalen Anleihen ist während der gesamten Laufzeit ein fester Nominalzins garantiert. Bei den Floatern bleiben Rückzahlungswert und Laufzeit festgelegt, nicht aber der Zinssatz. Die Höhe der Zinsen orientiert sich an der Entwicklung des Geldmarktes.

Die Bezugsbasis für den variablen Zinssatz ist derjenige Zinssatz, der zwischen Banken für drei- oder sechsmonatige Geldmarktkredite verrechnet wird. Ursprünglich nahm man als Basis ausschließlich den LIBOR (London Inter Bank Offered Rate), weil solche Geschäfte hauptsächlich am Bankplatz London abgewickelt wurden, mittlerweile hat für deutsche Anleihen der FIBOR (Frankfurt Inter Bank Offered Rate) eine größere Bedeutung gewonnen. Steigt dieser Zinssatz, wird der Zinssatz des Floaters bei der nächsten Zinsanpassung ebenfalls erhöht; im umgekehrten Fall natürlich auch gesenkt. Das Verhältnis zwischen Zinssatz des Floaters und FIBOR bleibt immer gleich. Der Zinssatz des Floaters kann einen Abschlag, einen Aufschlag, aber keine Veränderung (flat, identisch mit FIBOR) erfahren.

Und was ist ein „Umkehrfloater" oder ein „Reversed Floater"? Eben das Umgekehrte. Man muss etwas um die Ecke denken. Reversed Floater sind zunächst nichts anderes als variabel verzinste Anleihen. Die Rückzahlung erfolgt zum Nennwert. Der Zinssatz wird halbjährlich oder vierteljährlich an den Sechs- oder Drei-Monats-LIBOR angepasst. Das klingt genauso wie bei den Floatern. Aber im Gegensatz zu diesen fällt der Zins nicht mit den Geldmarktsätzen, sondern verhält sich gerade umgekehrt. Die Reversed Floater sind mit einem festen Ausgangszins ausgestattet, von dem der jeweilige Geldmarktzins abgezogen wird. Der Zins des Reversed Floater steigt also, wenn der Zins am Geldmarkt fällt oder umgekehrt. In vielen Fällen wird in den ersten Jahren ein Festzins vereinbart.

Reversed Floater werden – wie auch Floater – an der Börse gekauft, sodass man den Kurs berücksichtigen muss, zu dem man das Wertpapier eingekauft hat.

So funktioniert's:
siehe unter „Anleihen"

Das kostet's:
siehe unter „Anleihen"

Und die Steuer?

Floater und Reverse Floater sind Schuldverschreibungen, die laufend an den aktuellen Zinssatz angepasst werden. Die dabei gezahlten laufenden Zinsen unterliegen der normalen Zinsbesteuerung. Dies gilt auch für die sehr ähnlichen Kombi- und Gleitzinsanleihen. Problematisch ist es allerdings, wenn Floater während der Laufzeit verkauft werden. Es ist nicht sicher zu ermitteln, wie hoch der steuerpflichtige Anteil ist. Die Handhabung der Finanzämter ist unterschiedlich.

Und der Euro?
siehe unter „Anleihen"

AUF DEM PRÜFSTAND

Gemessen an den Kriterien der Anlagestrategie:
▪ *Liquidität*
Da Floater an der Börse gehandelt werden, ist jederzeit ein Verkauf möglich. Die notwendige Liquidität ist auf jeden Fall gegeben; mitunter muss man aber Kursverluste in Kauf nehmen.

▪ *Sicherheit*
Die Sicherheit eines Floaters richtet sich, wie bei anderen Anlagen auch, nach der Bonität des Emittenten. Floater, von Bund, Bahn und Post herausgegeben, gelten als absolut sicher.
Der Auszahlungsbetrag ist garantiert; es besteht jedoch ein Kursrisiko, wenn der Verkauf wieder über die Börse stattfinden soll. Der Betrag des Floaters lautet auf DM; damit besteht kein Währungsrisiko.
Der Zinssatz ist variabel. Ein Zinsveränderungsrisiko ist einzukalkulieren.

▪ *Rentabilität*
Die Renditen von Floatern sind relativ hoch. Möchte man an hohen Zinsen partizipieren, obwohl die Zinsen am Geldmarkt bereits bröckeln, kann

man mit Floatern immer noch – zumindest bis zum nächsten Zinsanpassungstermin – an dem höheren Zinsniveau teilhaben. Auf niedrige Zinsen setzt der Reversed Floater.

Bewertung im Überblick

Liquidität	▭▭▭▭▭▭▭▭▭▭
Sicherheit	▭▭▭▭▭▭▭▭▭▭
Rentabilität	▭▭▭▭▭▭▭▭▭▭

Empfehlung für die Anlagestrategie:
Floater sind ideal für Anlagebeträge, die längere Zeit kurzfristig verfügbar gehalten werden sollen. Mit Floatern lässt sich meistens eine bessere Rendite erzielen als mit Festgeldern. Man muss jedoch im Gegensatz zu den Festgeldern die Gebühren für Anleihen berücksichtigen. Legt man Gelder in Floater unter einem halben Jahr an, dürften Festgelder eine bessere Rendite aufweisen.
Floater sind durchaus für Anleger zu empfehlen, die sich über die Zinsentwicklung noch kein klares Bild machen können. Insbesondere wenn man bei höheren Zinsen einsteigt, kann man diese noch bis zur nächsten Zinsanpassung auskosten. Dann kann man die Floater verkaufen und auf andere Papiere umsteigen. Spekuliert man auf fallende Zinsen, wählt man den Reversed Floater.
Ein gewisser Nachteil bei Floatern ist der relativ hohe Anlagebetrag (zwischen 5.000 und 10.000 DM).
Die Vorteile der Reversed Floater können sich aus der Kombination von höheren Zinseinnahmen (je wei-

ter die kurzfristigen Geldmarktzinsen fallen, desto höher die Zinsen) und höheren Kursgewinnen ergeben (im Gegensatz zu normalen Floatern, die keine großen Kursbewegungen aufweisen, zeigen Reversed Floater große Kursveränderungen bei einer entsprechenden Veränderung der Geldmarktzinsen).

▷ Als längerfristige Parkposition auf jeden Fall zu empfehlen.

Wo gibt's weitere Informationen?
Bei den Anlageberatern von Banken. Dabei wird man durchaus seine Überraschungen erleben. Nicht allen Beratern sind die Finanzinnovationen geläufig.
Interessante Hinweise erhält man auch in den Finanzzeitschriften.

Das Thema Zins variieren auch die Gleitzinsanleihen.

Anlageart: Gleitzinsanleihen

Was ist das?
Die Gleitzinsanleihen sind insbesondere für Anleger gedacht, die ihre Geldanlage unter Steuergesichtspunkten gestalten wollen. Der „Gag" an dieser Anleihe ist lediglich die Gestaltung der Zinsen. Es gibt zwei Varianten, zum einen die so genannte „Step-up-Anleihe" und zum anderen die „Step-down-Anleihe".
Die **Step-up-Anleihe** empfiehlt sich für einen Anleger, dessen Steuerpro-

Beispiel für die Verzinsung der Step-up-Anleihe

1. Jahr	1,50%
2. Jahr	1,75%
3. Jahr	2,25%
4. Jahr	3,00%
5. Jahr	4,00%
6. Jahr	6,00%
7. Jahr	10,00%
8. Jahr	15,50%
9. Jahr	21,50%
10. Jahr	28,00%
Rendite zum Emissionszeitpunkt:	7,7%

Beispiel für die Verzinsung der Step-down-Anleihe

1. Jahr	15,00%
2. Jahr	12,50%
3. Jahr	10,00%
4. Jahr	8,00%
5. Jahr	6,00%
6. Jahr	5,00%
7. Jahr	4,00%
8. Jahr	3,50%
9. Jahr	2,50%
10. Jahr	2,00%
Rendite zum Emissionszeitpunkt:	7,688%

gression sinkt, der zum Beispiel in sechs Jahren pensioniert wird.
Die Step-down-Anleihe ist gerade umgekehrt konzipiert.
Die **Step-down-Anleihe** eignet sich für einen Anleger, der in den ersten Jahren noch Zinseinkünfte innerhalb der Freigrenzen unterbringen kann, dann aber davon ausgeht, dass er später mehr Vermögen und damit höhere Zinseinnahmen haben wird.

Bei der Rendite muss der Börsenkurs berücksichtigt werden, zu dem man das Wertpapier gekauft hat. Für den steuerbewussten Anleger ist die Rendite nach Steuern besonders wichtig. Er hat in diesem Fall seine jährliche Steuerbelastung zu prognostizieren und einzurechnen. Die Rendite nach Steuern kann bei einer solchen Anleiheart natürlich nur individuell ermittelt werden.

Zu dieser Art von Anleihen gehören auch die Kombi-Zins-Anleihen. Für sie gibt es in den ersten Jahren keine oder nur eine geringe Verzinsung. Die Zinsen erhöhen sich erst später.

Beispiele zu den Kombi-Zins-Anleihen

> Die Wertpapiere der DSL-Bank laufen bis April 2002. In den ersten sechs Jahren werden keine Zinsen gezahlt, ab dem siebten Jahr 24,5 %. Die Rendite zum Ausgabezeitpunkt betrug 7,65 %. Die Zinszuwachsanleihe der Berliner Bank läuft ebenfalls bis 2002. In den ersten acht Jahren werden nur 3 % Zinsen gezahlt, im neunten und zehnten Jahr 28,5 %. Die Rendite zum Ausgabezeitpunkt betrug 7,54 %.

Und noch eine Innovation: Auch die Zinsänderungsanleihe gehört in die Kategorie der Gleitzinsanleihen. Hier wird sowohl ein variabler wie auch ein fester Zinssatz angeboten.

Beispiel zur Zinsänderungsanleihe

> Die DG-Bank brachte eine sechsjährige Zinsänderungsanleihe auf den Markt. In den ersten beiden Jahren sind die Zinsen variabel und orientieren sich am Sechs-Monats-DM-LIBOR (das ist der Zinssatz, zu dem sich international tätige Banken in London bei anderen Banken auf sechs Monate Geld beschaffen). In den restlichen vier Jahren werden bis zum Laufzeitende jeweils 8 % Zinsen gezahlt.

Das obige Papier eignet sich für Geldanleger, die davon ausgehen, dass die Zinsen in den nächsten zwei Jahren deutlich sinken werden, die aber auf die hohen aktuellen Zinsen nicht verzichten möchten. Bei solchen „modernen" Anleihen handelt es sich um einen relativ engen Markt. Man ist gut beraten Kauf- und Verkaufsaufträge nur mit Limit zu vergeben. In diesen Fällen ist zwar nicht sicher, dass immer ein Abschluss getätigt werden kann, man hat aber die Gewähr, dass die Order nicht zu „ungeplanten Kursen" platziert wird.

So funktioniert's:
siehe unter „Anleihen"

Das kostet's:
siehe unter „Anleihen"

Und die Steuer?
siehe unter „Floater"

Werden Gleitzinsanleihen während der Laufzeit verkauft, muss im Verkaufsjahr ermittelt werden, wie hoch die rechnerischen Zinsen aufgrund der Emissionsrendite für die Besitzzeit sind. Von den so ermittelten rechnerischen Zinsen zieht man die bereits versteuerten Zinserträge ab.

Und der Euro?

Alle börsennotierten Emissionen des Bundes sind seit dem 1.1.1999 auf Euro umgestellt. Seit diesem Zeitpunkt erfolgen auch die meisten Neuemissionen in Euro. Es gibt jedoch keine allgemein verbindliche Regelung.

AUF DEM PRÜFSTAND

Gemessen an den Kriterien der Anlagestrategie:

■ *Liquidität*

Die Gleitzinsanleihen werden – wie andere Anleihen auch – an der Börse gehandelt. Sie können jederzeit (ggf. mit Kursverlusten) verkauft werden. Bei den ausgewählten Anleihen sollte der Markt allerdings nicht so begrenzt sein, dass sich ein täglicher Handel nicht ergeben würde.

■ *Sicherheit*

Die Sicherheit einer Gleitzinsanleihe richtet sich, wie bei anderen Anleihen auch, nach der Bonität des Emittenten. Bei den emittierenden Banken besteht im Allgemeinen keine Einschränkung.

Der Auszahlungsbetrag ist garantiert; es besteht jedoch ein Kursrisiko, wenn der Verkauf wieder über die Börse stattfinden soll. Da die Gleitzinsanleihen DM-Anleihen sind, besteht kein Währungsrisiko. Der Zinssatz ist bekannt und festgeschrieben. Es besteht kein Zinsveränderungsrisiko.

■ *Rentabilität*

Die Renditen von Gleitzinsanleihen sind für langfristige Anleihen relativ hoch. Dieser Anleihetyp ist eine „Steuercreation". Daher ist erst die Bewertung der Rendite nach Steuern von Bedeutung. Kann man also eine Gleitzinsanleihe den persönlichen steuerlichen Voraussetzungen gut anpassen (hat man beispielsweise noch „Luft" in den Freibeträgen oder geht man bald in den Ruhestand), sind hohe Renditen nach Steuern zu erzielen.

Die Kreditinstitute locken Anleger auch mit der Überlegung, dass mit Gleitzinsanleihen steuerfreie Gewinne zu erzielen sind, wenn man die Anleihe vor der ersten (oder vor der ersten größeren) Zinszahlung verkauft (und damit nur Kursgewinne realisiert). Ob dies funktioniert, wird wohl die Zukunft zeigen.

Bewertung im Überblick

Liquidität	▭▭▭▭▭▭▭▭▭▭
Sicherheit	▭▭▭▭▭▭▭▭▭▭
Rentabilität	▭▭▭▭▭▭▭▭▭▭

Empfehlung für die Anlagestrategie:

Gleitzinsanleihen sollte man als langfristige Geldanlage betrachten, die der persönlichen Steuersituation angepasst ist.

Ergibt sich kein steuerlicher Vorteil aus dieser Anlageart, kann man auf andere einfachere und renditeträchtigere Anlagen zurückgreifen.

▶ Als Anlage unter Steueraspekten durchaus überdenkenswert.

Wo gibt's weitere Informationen?
Bei manchen Anlageberatern. Bessere Hinweise entnimmt man den führenden Finanzzeitschriften.

Eine gewisse Publizität haben die Zero-Bonds erhalten. Ob dies zu Recht geschah?

Anlageart: Zero-Bonds

Was ist das?
Bei den normalen Anleihen kann man mit einer regelmäßigen Zinsausschüttung rechnen, bei Zero-Bonds ist der Zins über die gesamte Laufzeit bereits in den Kaufpreis eingearbeitet.
Der Anreiz für den Käufer ergibt sich aus der Differenz der Kurse zum Zeitpunkt des Erwerbs und zum Zeitpunkt der Fälligkeit bzw. des Verkaufs. Durch die Nichtausschüttung der Zinsen partizipiert man automatisch auch an der Wiederanlage der Zinsen. Der Zinseszinseffekt führt zu einem beeindruckenden Wachstum. Bei einem 10-jährigen Zero-Bond mit einem Effektivzinssatz von 7,5% ist bereits eine Verdopplung des Kapitals gegeben.
Die Zero-Bonds haben einen guten Markt gefunden, das Angebot ist geringer als die Nachfrage. Diese Tatsache haben sich Banken und Wertpapierhäuser zu Nutze gemacht, indem sie Teile oder den Gesamtwert einer festverzinslichen Anleihe aufgekauft und diese in Zero-Bonds zum abgezinsten Barwert umgewandelt haben. Solche so genannten „stripped bonds" sind insbesondere auf dem amerikanischen Markt von großer Bedeutung.

So funktioniert's:
siehe unter „Anleihen"

Das kostet's:
siehe unter „Anleihen"

Und die Steuer?
Grundsätzlich ist bei Zero-Bonds der Unterschied zwischen Emissionskurs und Einlösungskurs zu versteuern. Dieser Betrag wird am Ende der Laufzeit erhoben. Somit lassen sich Steuern ohne Schwierigkeiten in eine Zeit mit niedrigerer Steuerprogression (zum Beispiel Pensionierung) verlagern.

Ein gewisses Problem kann bei einem vorzeitigen Verkauf des Zero-Bonds entstehen.
Für die Errechnung der Besteuerungsgrundlage gibt es eine Reihe komplizierter mathematischer Formeln. Ob die Finanzämter diese Formeln in der Praxis richtig anwenden, mag bezweifelt werden.

Und der Euro?
Alle börsennotierten Emissionen des Bundes sind seit dem 1.1.1999 auf

Euro umgestellt. Seit diesem Zeitpunkt erfolgen auch die meisten Neuemissionen in Euro. Es gibt jedoch keine allgemein verbindliche Regelung.

AUF DEM PRÜFSTAND

Gemessen an den Kriterien der Anlagestrategie:

■ *Liquidität*

Da die Zero-Bonds an der Börse gehandelt werden, ist der Verkauf jederzeit möglich. Man betrachtet Zero-Bonds jedoch als langfristige Anlage; bei einem vorzeitigen Verkauf kann ein erhebliches Zinsrisiko auftreten. Dennoch kann man auch die Zero-Bonds als Spekulation betrachten. Fällt nach einer Hochzinsphase der Geldmarktzins kräftig und zeichnet den Zero-Bond noch eine lange Laufzeit aus, kann man bei einem Kauf einen guten Schnitt machen. (Beachten Sie die steuerliche Problematik!)

■ *Sicherheit*

Die Sicherheit eines Zero-Bonds richtet sich – wie bei anderen Anleihen auch – nach der Bonität des Emittenten. Nach Beendigung der Laufzeit muss der Schuldner einen hohen Betrag (das 10-, 20- oder 30-fache) aufbringen. Bei inländischen Schuldnern ist die Sicherheit im Allgemeinen kein Problem; bei Anleihen ausländischer Schuldner sollte man etwas vorsichtiger sein. (Achten Sie auf das Rating!)

Der Auszahlungsbetrag ist garantiert; es besteht jedoch ein Kursrisiko, wenn der Verkauf über die Börse stattfinden soll. Lautet der Betrag des Zero-Bonds auf DM, besteht kein Währungsrisiko. Viele Zero-Bonds lauten jedoch auf Fremdwährung. Dann ist das entstehende Kursrisiko zu beachten.

Der Zinssatz ist bereits im Verkauf berücksichtigt. In diesem Sinne besteht folglich kein Zinsveränderungsrisiko.

■ *Rentabilität*

Die Renditen von Zero-Bonds sind für langfristige Anlagen relativ hoch. Bei vorzeitigem Kauf können erhebliche Zinsrisiken auftreten, sodass man in der Anlagestrategie von einer langfristigen Anlage ausgehen sollte. Zero-Bonds stellen jedoch auch eine attraktive Spekulationsmöglichkeit auf fallende Zinsen dar. Man erzielt umso höhere Gewinne, je höher bei gegebener Senkung der Marktrendite die Restlaufzeit des Titels ist.

Welche Konditionen bieten Zero-Bonds?

Produktname	Restlaufzeit bis	Kurs	Rendite in % p.a.
Weltbank 96	2016	40,25	5,25
Dt. Bank Finance 96	2026	21,00	5,71
Europ. Inv. bank 96	2026	23,30	5,32

(Quelle: BÖRSE ONLINE 9/98)

Bewertung im Überblick

Liquidität
Sicherheit
Rentabilität

Empfehlung für die Anlagestrategie:
Zero-Bonds sollte man als langfristige Geldanlage betrachten. Für Zero-Bonds spricht – neben der guten Rendite –, dass kein Wiederanlagerisiko von Zinszahlungen besteht und damit auch keine Entscheidung über die Wiederanlage von Zinserträgen getroffen werden muss.

▷ Als längerfristige Anlage bedenkenswert.

TIPP
Bei Zero-Bonds muss man ganz besonders auf die Depotgebühren achten. Depotgebühren werden normalerweise in Promille auf den Nennwert berechnet. Bei Zero-Bonds liegt der Nennwert aber weit über dem bezahlten Wert, sodass die Depotgebühren – bezogen auf den „bezahlten Wert" – einen hohen Betrag ausmachen. Dies sollte man mit der Bank rechtzeitig klären. Die Banken bringen für diese Situation im Allgemeinen Verständnis auf.

Wo gibt's weitere Informationen?
Bei manchen Anlageberatern – diese Fachleute sind aber eher gezählt. Hinweise kann man auch den Finanzzeitschriften entnehmen.

ACHTUNG Unter **Tafelgeschäften** versteht man den Kauf von Wertpapieren gegen Bargeld „über den Ladentisch hinweg". Hierfür eignen sich börslich gehandelte, festverzinsliche Wertpapiere mit langen Laufzeiten. Man muss in diesen Fällen allerdings regelmäßig die Zinsscheine selbst einlösen. Die Bank muss auf Geheiß des Finanzamtes von den Zinsen 35 % Zinsabschlag einbehalten. Damit rentieren sich solche Tafelgeschäfte überhaupt nicht.
Einzig geeignet für Tafelgeschäfte erscheinen aufgrund der gegenwärtigen Steuersituation Wertpapiere, auf die keine Ausschüttungen erfolgen, also entweder Zero-Bonds oder thesaurierende Investmentfonds.

Nun verändern wir die Tilgung: Anlagen mit kontinuierlicher Tilgung gelten als Annuitätenanleihen.

Anlageart: Annuitäten-Bonds

Was ist das?
Bei den normalen Anleihen erfolgt die Tilgung nach Beendigung der Laufzeit; bei Annutaten-Bonds erfolgt sie von einem bestimmten Zeitpunkt an nach einem festgelegten Tilgungsplan. Dabei bleibt die Summe aus jährlicher Tilgungsquote und Zinsbetrag immer gleich: daher der Name Annuitäten-Bonds.
Annuitäten-Bonds sind durchaus mit den Zero-Bonds vergleichbar. Bei beiden Anleihearten steht die Rendite des Papiers von Anfang an fest;

überdies erfolgt keine laufende, feste Zinsausschüttung. Der wichtigste Unterschied liegt aber in der Tilgungsmodalität, also in der Rückzahlung des eingesetzten Kapitals. Bei den Zero-Bonds erfolgt die Rückzahlung von eingesetztem Kapital und Zinsen (und Zinseszinsen) zu einem vereinbarten Termin in einer Summe. Bei den Annuitäten-Bonds erfolgt die Rückzahlung des angelegten Kapitals zuzüglich der angefallenen Zinsen in stets gleichen Jahresraten. Es ist durchaus üblich, dass nach Emission eine Anzahl von zins- und tilgungsfreien Jahren vereinbart wird. (Hier dienen die Zero-Bonds als Vorbilder.)

Interessant ist ein Annuitäten-Bond, wenn man einen konstanten Mittelrückfluss über eine bestimmte Anzahl von Jahren anstrebt.

So funktioniert's:
siehe unter „Anleihen"

Das kostet's:
siehe unter „Anleihen"

Und die Steuer?
In steuerlicher Hinsicht können Annuitäten-Bonds den Zero-Bonds weitgehend gleichgestellt sein. Der Zinsbetrag muss erst in der Tilgungsphase versteuert werden. Dies unterstützt die Finanzierungsstrategie für den Ruhestand.

Bei vorzeitigem Verkauf siehe unter „Zero-Bonds".

Und der Euro?
Alle börsennotierten Emissionen des Bundes sind seit dem 1.1.1999 auf Euro umgestellt. Seit diesem Zeitpunkt erfolgen auch die meisten Neuemissionen in Euro. Es gibt jedoch keine allgemein verbindliche Regelung.

Beispiel für Annuitäten-Bonds

Vorsorge-Anleihe der Bayerischen Landesbank,
WKN-Nummer: 213516

Anlagebetrag: 10.000 DM, Laufzeit: 10 Jahre, ab 9.4.1998 wird in regelmäßigen Annuitäten zurückgezahlt; letzte Rückzahlung ist am 9.4.2002

Jahr	Zins in DM	Tilgung in DM	Annuität in DM
9.4.1998	1.320	2.300	3.620
9.4.1999	1.420	2.200	3.620
9.4.2000	1.620	2.000	3.620
9.4.2001	1.820	1.800	3.620
9.4.2002	1.920	1.700	3.620
Summe			18.100

AUF DEM PRÜFSTAND

Gemessen an den Kriterien der Anlagestrategie:

- *Liquidität*

Annuitäten-Bonds sind als längerfristige Anlage gedacht. Ein vorzeitiger Verkauf macht keinen Sinn.

- *Sicherheit*

Die Sicherheit eines Annuitäten-Bonds richtet sich – wie bei anderen Anlagen auch – nach der Bonität des Emittenten. Die emittierenden Banken besitzen im Allgemeinen eine ausgezeichnete Bonität.

Zins, Tilgung und Auszahlungsbetrag sind garantiert; es besteht kein nennenswertes Risiko.

- *Rentabilität*

Die Renditen von Annuitäten-Bonds sind durchschnittlich bis gut.

Bewertung im Überblick

Liquidität	▭▭▭▭▭▭▭▭▭
Sicherheit	▭▭▭▭▭▭▭▭▭
Rentabilität	▭▭▭▭▭▭▭▭▭

Empfehlung für die Anlagestrategie:
Annuitäten-Bonds sind auf private Anleger zugeschnitten, die für einen gewissen Zeitraum gleichartige Rückflüsse benötigen. Annuitäten-Bonds werden verwendet für die Ausbildungsfinanzierung von Kindern. Durch die mögliche Verlagerung von Kapitalerträgen in einen steuerlich günstigen Zeitraum sind sie für höher verdienende Arbeitnehmer und für Selbstständige als Altersversorgung interessant.

▶ Annuitäten-Bonds sind nicht die renditeträchtigste Anlageform, aber aufgrund der Annuitätenauszahlung für viele Vorsorgemaßnahmen regelrecht maßgeschneidert.

TIPP

Eine Alternative sind Tilgungsanleihen, bei denen die Rückzahlung in einzelnen Tranchen, die ausgelost werden, erfolgt. Zeichnet man Anleihen in jeder Tranche, so stellt sich auch ein Annuitäteneffekt ein.

Eine weitere Alternative wären Zero-Bonds, die zu verschiedenen Zeitpunkten fällig werden.

Wo gibt's weitere Informationen?

Bei den Anlageberatern der Banken. Interessantere Hinweise findet man meistens in den Finanzzeitschriften.

Es gibt auch Anleihen, die niemals zurückgezahlt werden.

Anlageart: Ewige Anleihen

Was ist das?

Bei den normalen Anleihen wird der Kapitalbetrag nach Beendigung der Laufzeit zurückgezahlt; bei der ewigen Anleihe (englisch: Perpetual) findet die Rückzahlung niemals statt, ein Laufzeitende steht nicht fest.

Ewige Anleihen sind in Großbritannien üblich; in der Bundesrepublik sind sie nicht erlaubt.

Über die Grenzen geblickt: eine Möglichkeit für den, der sich gerne mit ausländischen Anleihen beschäftigt.

Anlageart: DM-Auslandsanleihen

Was ist das?
Selbstverständlich können Ausländer auf dem deutschen Kapitalmarkt Anleihen auflegen, um sich für ihre Investitionen mit Kapital zu versorgen. Für den Anleger sind diese Papiere recht interessant, da sie häufig mit wesentlich höheren Zinssätzen ausgestattet sind. Im Gegensatz zu inländischen Anleihen, die in ihren Konditionen relativ wenig Differenzierungsspielraum bieten, können Auslandsanleihen in DM wesentlich attraktiver gestaltet werden – abhängig vom jeweiligen Emittenten. Dies ist aber zugleich die Problematik der DM-Auslandsanleihen: Der Anleger muss ein höheres Risiko tragen.
Bei Anleihen sind zwei Risikoarten zu berücksichtigen:
- die Bonität des Emittenten und
- das Länderrisiko.

Von größter Wichtigkeit ist die Bonität des Anleiheschuldners. Häufig sind die Anleiheschuldner dem deutschen Anleger nicht gut bekannt, kann der Anleger die wirtschaftliche Bonität des Emittenten nicht beurteilen. Man muss sich bei einer Beurteilung weitgehend auf die Bewertung von renommierten Analyseinstituten wie Standard & Poor's oder Moody's verlassen. Die Ergebnisse (beste Kategorie: AAA = Triple A) werden mit den Kursen im Wirtschaftsteil der Tageszeitungen veröffentlicht.

Das zweite Risiko, das zu berücksichtigen wäre, ist das so genannte Länderrisiko. Viele Länder (insbesondere Schwellen- und Entwicklungsländer) haben eine hohe Staatsverschuldung. Je höher die Staatsverschuldung, desto wahrscheinlicher die Möglichkeit einer Einschränkung der Bedienung von Zins- und Tilgungsleistungen ins Ausland. Dieses Länderrisiko wird von unabhängigen Instituten halbjährlich untersucht und veröffentlicht.
In der Praxis hat sich gezeigt, dass selbst Länder mit einer hohen Staatsverschuldung und damit einer schlechten Beurteilung ihres Länderrisikos pünktlichst ihren Zins- und Tilgungsverpflichtungen nachgekommen sind. Selbst lateinamerikanische Staaten haben die Anleihen bisher immer pünktlich bedient. Der Grund für ein solches Verhalten besteht darin, dass sich diese Länder ihren Ruf als Schuldner nicht gänzlich verderben wollen. Daraus kann jedoch nicht abgeleitet werden, dass die bisherige Zuverlässigkeit auch für alle Zukunft gilt.

So funktioniert's:
Auslandsanleihen kann man an der Börse erstehen. Für den Anleger ist der Markt recht gut überschaubar, denn die Anleihen werden fast ausnahmslos an der Börse gehandelt.
Die Neuauflegung von DM-Auslandsanleihen erfolgt durch so genannte Konsortien international tätiger Ban-

Bewertung der Bonität von Emittenten

Kategorie nach Standard & Poor's (nach Moody's)	Bedeutung
AAA (Aaa)	Unternehmen liegen in Bezug auf Zins- und Tilgungszahlung weit über dem Durchschnitt der untersuchten Unternehmen.
AA (Aa)	Die Bonität liegt noch immer deutlich über dem Durchschnitt.
A (A)	Die Bonität liegt noch immer über dem Durchschnitt, jedoch könnten Umweltfaktoren zu gewissen Vorbehalten führen.
BBB (Baa)	Die Bonität in Bezug auf Zins- und Tilgungszahlungen dieser Unternehmen liegt im Durchschnitt. Im Allgemeinen werden Wertpapiere von diesen Unternehmen durch Hypotheken abgesichert. Die allgemeine Konjunktursituation kann auf diese Unternehmen jedoch durchaus Einfluss haben.
BB (Ba), B (B), CCC (Caa), CC (Ca)	Anleihen dieser Unternehmensgruppe gelten bereits als spekulative Werte. Obwohl für Anleihen solcher Unternehmen besondere Sicherheiten zur Verfügung stehen, können die Unternehmen durch eine ungünstigere Konjunkturentwicklung in wirtschaftliche Schwierigkeiten kommen.
C (C)	Auf diese Anleihen werden zur Zeit keine Zahlungen geleistet.
D	Auf diese Anleihen werden zur Zeit keine Zinszahlungen geleistet. Die Tilgung ist nicht sichergestellt.
NR	Für diese Unternehmen liegt keine Einstufung vor, entweder weil Standard & Poor's nicht zu einer Beurteilung aufgefordert wurde oder weil für eine Beurteilung nicht ausreichend Unterlagen zur Verfügung standen.

ken. Sie übernehmen die Platzierung der Anleihe. Dies bedeutet in der Praxis, dass Institute und Banken die Anleihe ihrem Kundenkreis empfehlen. Die an der Emission beteiligten Institute bieten diese Papiere ihren Kunden zunächst provisionsfrei zum Emissionskurs an. Bald jedoch wird die Börsenzulassung beantragt. Dann erfolgt der weitere Kauf und Verkauf über die Börse. Die Börse nimmt sofort eine Bewertung der Anleihe vor. Nicht immer trifft der Emissionskurs die Einschätzung der Börse.

Problem Liquidität: Ist man an einem Kauf von DM-Auslandsanleihen interessiert, muss man zuerst sicherstellen, ob für dieses Papier regelmäßige Umsätze erfolgen, das heißt, ob das Papier regelmäßig an der Börse gehandelt wird. Nur dann ist gewährleistet, dass das Wertpapier auch umgehend verkauft werden kann.

Problem Haftung: Durch den Prospekt werden die beteiligten Banken in die Haftung nach §45 Börsengesetz genommen. Sie erklären durch ihre Unterschrift, dass sich das Unternehmen ihres Wissens nicht in Schwierigkeiten befindet. Dies ist nicht gerade viel, aber immerhin besser als gar nichts, denn im Prospekt sind detaillierte Angaben zum Beispiel über die Ausstattung der Wertpapiere oder über das Unternehmen enthalten. Erweisen sich die Angaben als unrichtig oder irreführend, sind die Banken in die Haftung zu nehmen.

Problem Schuldnerkündigung: Beliebt sind DM-Auslandsanleihen als Langläufer in der Hochzinsphase, um die nächste Niedrigzinsphase mit hohen Renditen zu überbrücken. Bei vielen DM-Auslandsanleihen besteht jedoch die Gefahr, dass der Schuldner die Anleihe vorzeitig kündigt. Das wird er immer dann tun, wenn er sich billiger verschulden kann, wenn

die Zinsen also entsprechend gefallen sind. Man sollte also bei einem Engagement in DM-Auslandsanleihen wissen, ob der Schuldner ein Kündigungsrecht besitzt. Dieses zu erfahren ist nicht eben einfach. Die Hausbank weiß es häufig nicht, die Korrespondenzbank auch nicht. Will man nur einen relativ geringen Betrag festlegen, ist ohnehin niemand daran interessiert, sich der Mühe der Nachforschung zu unterziehen. Schlussfolgerung: Dann lieber keine DM-Auslandsanleihen.

DM-Auslandsanleihen können als „effektive Stücke" ausgedruckt werden. Es ist also möglich, den Kauf von Auslandsanleihen als Tafelgeschäft zu tätigen.

HINWEIS Tafelgeschäfte sind durch den 35%igen Zinsabschlag weitgehend uninteressant geworden.

Will man Auslandsanleihen an der Börse erstehen, so sind zwei Kriterien wichtig:
- die effektive Rendite (Empfehlung: Unbedingt den aktuellen Börsenkurs berücksichtigen!);
- die Bonitätsbewertung (Empfehlung: Es sollten keine Anleihen mit einem schlechteren Rating als BBB gewählt werden!).

Die Rückzahlung der Anleihe erfolgt im Allgemeinen am Ende der Laufzeit zu 100%. Bei DM-Auslandsanleihen gibt es unterschiedliche Tilgungsvarianten (zum Beispiel Tilgung in Teilbeträgen oder Tilgung durch Tilgungsfonds). Weiterhin sollte man darauf achten, ob eine außerplanmäßige Tilgung durch den Schuldner möglich ist. Dies ist häufig bei einer Veränderung der Steuergesetze im Schuldnerland gegeben. Für den Anleger kann eine solche Regelung immer dann problematisch werden, wenn er die Anleihe an der Börse zu einem Kurs über 100% erstanden hat.

Das kostet's:
Bei Kauf und Verkauf von Auslandsanleihen fallen die üblichen Bankgebühren an:
Bankprovision: 0,5% auf den Kurswert (einmalig);
Maklergebühr: 0,075% auf den Kurswert (einmalig);
Depotgebühren: 5‰ auf den Nominalwert (jährlich).

HINWEIS Die Depotgebühren sind bei Auslandsanleihen wesentlich höher als bei Inlandsanleihen. Hier besteht aber durchaus ein Verhandlungsspielraum bei den einzelnen Banken.

Die Zinsen werden jährlich zu den vereinbarten Terminen bezahlt.

Und die Steuer?
Zinserträge von DM-Auslandsanleihen unterliegen der Einkommensteuer. Kursgewinne und -verluste werden bei der Steuer nicht berücksichtigt. Damit ist auch bei DM-Auslandsanleihen der Freistellungsauftrag an die Bank wichtig.

Bei DM-Auslandsanleihen gibt es sehr attraktive steuerliche Vergünstigungen. Aufgrund der möglicherweise entstehenden Doppelbesteuerung (also Besteuerung der Erträge im Ausland und im Inland) können die ausländischen Steuern bei der inländischen Steuer angerechnet werden. Interessant ist nunmehr die Tatsache, dass in einzelnen Doppelbesteuerungsabkommen mit Ländern der Dritten Welt ein in der Bundesrepublik unbeschränkt Steuerpflichtiger auch dann eine Möglichkeit des Steuerabzuges hat, wenn der ausländische Staat überhaupt keine Steuer erhebt.

Man spricht von der Anrechnung einer fiktiven Quellensteuer. Eine solche Möglichkeit gibt es für DM-Auslandsanleihen, deren Emittent in China, Griechenland, Indien, Indonesien, Malaysia, Portugal, Südkorea oder in der Türkei beheimatet ist. Die

Welche Konditionen bieten DM-Auslandsanleihen?

Produktname	Rating	Laufzeit	Zinssatz nominal (%)	Kurs	Rendite in % p.a.
Österreich 96	Aaa	1996–2006	6,0	111,20	4,19
Irland 89	Aa3	1989–1999	6,5	101,05	3,94
Türkei 96	B1	1996–2001	7,5	99,50	7,67
Argentinien 95	Ba3	1995–2002	10,5	93,00	12,72
Ukraine 98	B3	1998–2001	16,0	49,00	59,29

(Quelle: BÖRSE ONLINE 9/98)

fiktive Anrechnung der Zinseinnahmen beträgt zwischen 10 und 20%. Über die Möglichkeiten im Rahmen der Doppelbesteuerungsabkommen sollte man sich gründlich bei der eingeschalteten Bank und beim Steuerberater informieren.

Und der Euro?
Die Umstellung an den Börsen der EWU-Teilnehmerländer ist einheitlich am 4.1.1999 erfolgt. Seit diesem Zeitpunkt werden alle Börsenwerte in Euro ausgezeichnet.

AUF DEM PRÜFSTAND

Gemessen an den Kriterien der Anlagestrategie:
■ *Liquidität*
Da auch DM-Auslandsanleihen börsenmäßige Papiere sind, ist die Liquidität theoretisch gesichert. Es ist nur zu überprüfen, ob die Papiere auch täglich gehandelt werden, ob sie damit auch kurzfristig verkaufbar sind. Ist dies nicht der Fall, sollte man von einem Kauf absehen.

■ *Sicherheit*
Die Sicherheit der DM-Auslandsanleihen ist in besonders starkem Maße von der Bonität des Emittenten abhängig. Man informiere sich gründlich über das entsprechende Rating und kaufe keine Papiere, die schlechter als BBB eingestuft werden. Als sicher gelten im Allgemeinen Papiere mit einer Einstufung von AAA. Auch die Bonität des Emissionslandes ist zu berücksichtigen, wenn-

gleich in der Vergangenheit noch keine negativen Auswirkungen festgestellt wurden. Das muss aber nicht in alle Ewigkeit gelten.
Der Betrag wird im Allgemeinen zu 100% zurückgezahlt. Es ist jedoch darauf zu achten, ob eine außerplanmäßige Tilgung durch den Schuldner vorgesehen ist.
Der Zinssatz ist fest für die gesamte Laufzeit. DM-Auslandsanleihen gelten eindeutig als Risikopapiere.

■ *Rentabilität*
Unter Renditegesichtspunkten ist die DM-Auslandsanleihe durchaus interessant. Die Zinsen liegen eindeutig höher als bei vergleichbaren inländischen Anleihen. Insbesondere durch den positiven Steuereffekt kann die DM-Auslandsanleihe zu einer interessanten Renditeanlage werden. Unter den DM-Auslandsanleihen gibt es viele Hochprozenter. Hat man den richtigen Riecher, die faulen Bonds von den guten Bonds zu trennen, kann man Kasse machen.

Bewertung im Überblick

Liquidität	▭▭▭▭▭▭▭▭
Sicherheit	▭▭▭▭▭▭▭▭
Rentabilität	▭▭▭▭▭▭▭▭

Empfehlung für die Anlagestrategie:
DM-Auslandsanleihen sind unter Renditegesichtspunkten eine durchaus interessante Anlage. Sie muss jedoch immer sehr kritisch mit der gebotenen Sicherheit abgewogen werden. Viele Emittenten von DM-

Auslandsanleihen sind auf dem deutschen Kapitalmarkt nicht sonderlich bekannt. Dies wird durch eine höhere Rendite ausgeglichen.

Bei unbekannteren Firmen ist unbedingt das Rating zu berücksichtigen. Viele erste Adressen (wie Weltbank) sind sehr bekannt, die Rendite fällt entsprechend geringer aus. Bei ihnen besteht kaum ein Risiko.

Attraktiv erscheinen auf den ersten Blick die steuerlichen Vergünstigungen durch die Anrechnung einer fiktiven Quellensteuer. Untersucht man dann jedoch die Länder, in denen ein solches Verfahren möglich ist, erkennt man, dass dies nicht gerade die „sichersten" Länder sind. Auch hier muss wieder abgewogen werden. Bei DM-Auslandsanleihen ist außerdem die Abwicklung nicht einfach.

DM-Auslandsanleihen können nur einen kleinen Bestandteil des Anlagemix ausmachen.

▷ Für neugierige und wissensdurstige Anleger sicherlich sehr interessant. Sie lernen über Auslandsmärkte, Auslandsunternehmen und ausgewählte Länder garantiert hinzu.

TIPP
Wer noch einen Schwierigkeitsgrad hinzufügen möchte, beschäftige sich mit Fremdwährungsanleihen. Hier bieten sich Chancen und Risiken aus der Veränderung der jeweiligen Währung. Eine Ableitung ist offensichtlich: Je härter die Währung, umso niedriger die Anleihenrendite. Wenn man mit Fremdwährungsan-leihen beginnen will, sollte man sich zunächst auf europäische Währungen mit relativ festem Wechselkurs untereinander oder auf Währungen im US-Dollar-Raum beschränken. Informationen über Kurse und Rendite entnimmt man dem Wirtschaftsteil der Tageszeitungen.

Hohe Renditen sollten nicht das einzige Kriterium für eine Anlage in Fremdwährungsanleihen sein. Die Risiken sind genau zu analysieren. Fremdwährungsanleihen sind eindeutig Risikoanleihen.

ACHTUNG Der Umtausch von einer Währung in die andere kann teuer werden. Will man längerfristig mit Fremdwährungsanlagen arbeiten, sollte man bei seiner Bank ein Fremdwährungskonto eröffnen und die Gelder unbedingt in der entsprechenden Fremdwährung bestehen lassen.

Fremdwährungsanleihen sind bekannt geworden als „Junk-Bonds". Übersetzt heißt das „Ramsch-Anleihen". Man versteht darunter festverzinsliche Papiere mit einem hohen Zinssatz und einer entsprechend schlechten Bonität des Schuldners. Erfunden wurde dieser Ausdruck – wie könnte es anders sein – in den Vereinigten Staaten. Eine Investition in Junk Bonds mutet wie ein Glücksspiel an. Man sollte nicht auf die Rendite sehen, sondern auf die Wahrscheinlichkeit, ob das Geld zurückbezahlt werden kann. Ein Musterbeispiel sind die Anleihen der Bank für Außenwirtschaft der

Welche Konditionen bieten Fremdwährungsanleihen?

Produktname	Währung	Rating	Laufzeit	Zinssatz nominal (%)	Kurs	Rendite in % p.a.
General Electric Cap. Corp. 93	US $	Aaa	1993–1999	6,125	100,31	5,31
Weltbank 97	Aus $	Aaa	1997–2002	6,750	103,25	5,77
Dresdner Finance 96	Pfund	Aaa	1996–2001	7,125	101,56	6,56
KfW Intern. Fin. 96	Pts.	Aaa	1996–2002	6,750	107,38	4,74
Eksportfinans 94	Skr	Aa1	1994–2004	6,874	108,78	4,97

(Quelle: BÖRSE ONLINE 9/98)

UdSSR. Sie werden derzeit mit Renditen von 22 bis 25 % verkauft. Einst war der Schuldner hoch angesehen, die Anleihe begehrt. Heute gehört sie zu den Junk Bonds. Alles dreht sich um die Frage: Wird Moskau zahlen? Gerade bei Junk Bonds ist die Fondsstruktur bestechend. Viele schlechte Papiere ergeben ein gutes Papier. Geht die Gleichung auf? Der DWS Rendite Spezial hat es jedenfalls bewiesen. 10,8 % hat dieser Fonds 1992 gebracht – mit in Misskredit geratenen Wertpapieren. Risikostreuung heißt das Geheimnis. Das ist ein Spiel der Profis. Die Strukturen sind kompliziert. Die Stückelung bei Einzelanlagen ist häufig groß, die Transaktionskosten hoch. Bei Fremdwährungsanleihen kommen noch die Währungsrisiken hinzu.

HINWEIS Zwei Fonds aus dem Hause DWS klingen interessant: DWS Rendite Spezial ist ein Fonds für hochverzinsliche Anlagen, in Deutschland geführt, jährlich ausschüttend. Der Fonds DWS Rendite Extra unterscheidet sich dadurch, dass er in Luxemburg geführt wird und ein thesaurierender Fonds ist.

Der DIT Bond Spezial legt bis zu 30 % in hochverzinsliche Anleihen an. Typ A schüttet aus, Typ B ist thesaurierend. Beide Typen werden in Luxemburg geführt.

Das Anlageergebnis dieser Fonds ist nicht von der Zinsentwicklung am Kapitalmarkt abhängig. Sie werden daher im Vergleich zu herkömmlichen Rentenfonds besonders gut abschneiden, wenn diese unter Konjunktur- und Zinsdruck stehen.

Frage: Anleihen mit Risiken – gibt es Kriterien für die Anlage?
Wer zweistellige Renditen kassieren möchte, muss mehr Risiken in Kauf nehmen. Dies leuchtet ein. Kann man aber trotzdem intelligente Vorsorge betreiben? Ja, man kann. In intensiven Gesprächen mit eingeschalteten Beratern (von der Bank oder anderen Institutionen) sollte man folgende fünf Punkte genau unter die Lupe nehmen:

- Break even point,
- Call-Rendite,
- Emissionsvolumen,
- Duration,
- Rating.

Der **Break even point** drückt das Wechselkursrisiko aus, dem Anleihen in ausländischer Währung unterliegen. Vergleicht man die Rendite einer ausländischen Anleihe mit der einer inländischen Anleihe, dann stellt man fest, dass die ausländische Anleihe eine bessere Rendite auszeichnet. Der Break even point gibt den Wechselkurs an, bei dem entstehende Devisenkursverluste die höhere Rendite aufzehren. Er lässt den Anleger abschätzen, wie lange er auf eine ausländische Anleihe in Fremdwährung setzen darf.

Die **Call-Rendite** bezeichnet die Rendite zum frühesten Kündigungszeitpunkt einer Anleihe. Dies ist eine wichtige Kennziffer bei Anleihen, die der Emittent vorzeitig kündigen kann (bei Auslandsanleihen durchaus üblich). Die Call-Rendite gibt die Mindestrendite an.

Dem **Emissionsvolumen** kann man entnehmen, ob ein vorzeitiger Verkauf der Anleihe problematisch wird. Je größer das Emissionsvolumen einer Anleihe ist, desto einfacher (und mit geringeren Abschlägen) lässt sich eine Anleihe verkaufen.

Die **Duration** versucht eine Aussage über das Wert-(Kurs-)veränderungsrisiko einer Anlage zu geben. Man geht dabei von der Beobachtung aus, dass die Wirkung einer Zinsänderung auf den Kurs einer Anleihe umso größer ist, je länger die Restlaufzeit eines Papieres dauert. Die Duration gibt jedoch nur im Vergleich verschiedener Anleihen untereinander eine zuverlässige Information für den Anleger.

Das **Rating** beschreibt die Bonität des Schuldners. Aufgrund des Ratings lässt sich einschätzen, wie hoch die Wahrscheinlichkeit ist, dass der Schuldner seine Anleihe einlösen wird.

Wo gibt's weitere Informationen?
Für den Kauf von DM-Auslandsanleihen sollte man sich bei international tätigen Banken detailliert informieren. Hier gilt eindeutig die Aussage: Fühlt man sich nicht ausreichend informiert, sollte man die Finger von einer solchen Anlage lassen.

Zwischen festverzinslichen Papieren und Aktien haben sich einige Mischformen verbreitet. Die Wandelanleihe gehört dazu. Ihr Name lässt dies bereits vermuten.

Anlageart: Wandelanleihen

Was ist das?
Die besonderen Finanzierungsbedürfnisse von Unternehmen einerseits und die beschränkte Aufnahmebereitschaft des Kapitalmarkts andererseits führte zu der Schaffung von Papieren, die die Vorzüge von festverzinslichen Wertpapieren und Dividendenpapieren (Aktien) auf sich vereinigen. Zu diesen Papieren gehören Wandelanleihen.

Diese Wertpapiere sind nicht gerade „modern". In den letzten Jahren haben die Neuemissionen eindeutig nachgelassen. Da Wandelanleihen an der Börse gehandelt werden, besitzen sie durchaus noch immer eine gewisse Bedeutung.

Die Wandelanleihe ist eine Mischform aus Anleihe und Aktie. Zum Zeitpunkt der Ausgabe entspricht die Wandelanleihe der Industrieanleihe (die auch zu den „antiquierten" Anlageformen gehört und sich eigentlich auf dem Kapitalmarkt nicht mehr durchsetzen lässt). Die Wandelanleihe räumt ihren Besitzern das Recht ein, nach dem Ablauf einer gewissen Zeit die Anleihe in Aktien umtauschen zu können. Im Fall der Umwandlung muss häufig noch ein bestimmter Aufschlag gezahlt werden. Der Besitzer kann die Anleihe auch bis zum Ende ihrer Laufzeit behalten, dann entspricht sie voll der Industrieanleihe.

So funktioniert's:

Wandelanleihen bezieht man im Allgemeinen über die Börse. Neuemissionen sind selten geworden, sodass im Normalfall nur der Zugang über die Börse bleibt. Für Wandelanleihen gibt es einen notierten Börsenkurs. Dieser Kurs gilt für die Anleihe. Nach einem Wandel ist die eigentliche Existenz der Anleihe beendet. Das Wandelrecht ist untrennbar mit der Anleihe verbunden und kann nicht separat gehandelt werden. (Dies ist der wesentliche Unterschied zur Optionsanleihe.) Durch die Ausübung des Rechtes zur Umwandlung wird der Anleihenbesitzer zum Aktionär. Er kann auf die Umwandlung auch verzichten. Dann wird die Anleihe zum Ende der Laufzeit – wie vereinbart – zurückgezahlt.

Der Zinssatz der Wandelanleihe ist normalerweise etwas niedriger als bei einer entsprechenden Industrieanleihe, denn der entscheidende Vorteil der Anlage (ein gewisser Spekulationsaspekt) ist die zugesicherte Möglichkeit des Aktienkaufs.

Wichtig sind folgende Kriterien:

- **Wandelfrist:** Mit der Wandelfrist ist die Zeitdauer definiert, innerhalb der die Umwandlung durchgeführt werden kann. Im Allgemeinen sind Wandelfrist und Laufzeit der Anleihe identisch. Es ist jedoch möglich, dass die Wandelfrist erst nach einem gewissen Vorlauf beginnt oder dass sie eine gewisse Zeit vor Beendigung der Laufzeit endet. Eine Einschränkung der Wandelfrist wird negativ bewertet.
- **Wandelverhältnis:** Das Wandelverhältnis besagt, wie viele Wandelanleihen in wie viele Aktien getauscht werden können.

  Beispiel: Beträgt ein Wandelverhältnis 4:1, so bedeutet dies, dass 200 DM Nominalwert Wandelanleihen zum Bezug von einer Aktie im Wert von 50 DM Nennwert berechtigen.

  Mit dem Wandelverhältnis wird dem Kurswert der Aktie entweder zum Emissionszeitpunkt Rechnung getragen oder es werden bereits Erwartungen des Kursverlaufes übernommen.
- **Wandelpreis:** Im Falle einer Umwandlung kann noch eine Zuzahlung fällig werden. (Es kann umgekehrt aber auch eine Barauszahlung an den Besitzer der Wandelanleihe erfolgen.)

Die Wandelanleihe erwirbt man im Allgemeinen nicht, um sie möglichst umgehend in Aktien umzuwandeln. Die Umwandlung in Aktien erfolgt erst bei einem positiven Kursverlauf. Die Wandelanleihe ist damit ein Instrument für einen Aktienspekulanten, der sein Risiko begrenzen möchte.

Kauf und Verkauf von Wandelanleihen erfolgen über die Börse. Man schaltet hierzu ein Bankinstitut ein. Auch die Durchführung der Umwandlung überträgt man seiner Bank.

Das kostet's:
Bei Kauf und Verkauf der Wandelanleihe fallen die üblichen Bankgebühren an:
Bankprovision: 0,5 % auf den Kurswert (einmalig);
Maklergebühr: 0,075 % auf den Kurswert (einmalig);
Depotgebühren: 1,25 ‰ auf den Nominalwert (jährlich).
Die Zinsen werden jährlich zu den vereinbarten Terminen bezahlt, nach der Umwandlung in Aktien entfällt diese Zahlung. Dann kann man als Aktionär mit Dividendenerträgen rechnen.

Und die Steuer?
Zinserträge unterliegen der Einkommensteuer. Kursgewinne und -verluste werden steuerlich nicht berücksichtigt. Dividendenerträge wiederum sind steuerpflichtig. Im Freistellungsauftrag an die Bank ist dies zu berücksichtigen.

Und der Euro?
Die Umstellung an den Börsen der EWU-Teilnehmerländer ist einheitlich am 4.1.1999 erfolgt. Seit diesem Zeitpunkt werden alle Börsenwerte in Euro ausgezeichnet.

AUF DEM PRÜFSTAND

Gemessen an den Kriterien der Anlagestrategie:
▪ *Liquidität*
Die Wandelanleihe kann an der Börse jederzeit verkauft werden; dies trifft ebenso auf die Aktien nach vorgenommener Umwandlung zu. Eventuelle Kursverluste müssen natürlich in Kauf genommen werden. Die Laufzeit selbst wirkt abschreckend lang: mit fünf bis zehn Jahren muss gerechnet werden.

▪ *Sicherheit*
Die Sicherheit ist abhängig von der Bonität des Schuldners. Eine Besicherung erfolgt durch die so genannte Negativklausel. Diese besagt, dass sich das Unternehmen verpflichtet während der Laufzeit der Anleihe keine neuen Anleihen mit besseren Sicherheiten auszustatten.
Ein gewisses Risiko liegt in der Kursentwicklung der Börse. Solange der Zinssatz festgeschrieben ist, kann sich der Kurswert der Anleihe verändern. Möchte man die Umwandlung vornehmen, muss man den Aktienkurs des Unternehmens beobachten, um im richtigen Augenblick die Umwandlung vorzunehmen.

Im Allgemeinen lauten Wandelanleihen auf DM. Dann ist kein Kursrisiko gegeben. Es ist jedoch durchaus möglich, dass Wandelanleihen auch in Fremdwährungen herausgegeben werden. In diesen Situationen ist grundsätzlich das Kursrisiko zu berücksichtigen.

■ *Rentabilität*

Die Rentabilität einer Wandelanleihe ist äußerst schwierig zu beurteilen, da viele Parameter die Rendite beeinflussen können. Dennoch sollen folgende Aussagen getroffen werden:

1. Der Nominalzins der Wandelanleihe liegt unter dem Zins von Industrieobligationen. Wer also keine Umwandlung vornehmen möchte, sollte sich nicht auf Wandelobligationen einlassen.
2. Die Rendite, die sich mit einer Wandelobligation erzielen lässt, liegt in der Differenz zwischen Dividendenrendite und Anleiherendite, addiert mit einem erzielbaren Kursgewinn durch den Wechsel von Anleihe in Aktie.

Damit ist die generelle Aussage zur Rentabilität bereits eingegrenzt. Man sieht die Wandelanleihe als eine „Aktienspekulation mit Netz" an.

Bewertung im Überblick

Liquidität	
Sicherheit	
Rentabilität	

Empfehlung für die Anlagestrategie:
Der Anleger, der sich für Anleihen entscheidet, ist mit einer Wandelanleihe sicherlich nicht gut bedient. Dies liegt an der sehr komplizierten Handhabung. Wer sich jedoch mit der Aktienspekulation beschäftigen möchte und Wert auf ein Sicherheitsnetz legt, ist mit einer Wandelanleihe gut beraten. Hier kann man trainieren, ohne bei dieser Gelegenheit zu viel „anzustellen".
Folgende Aussagen können getroffen werden:

1. Steigt der Aktienkurs des Unternehmens, das die Wandelanleihe herausgegeben hat, wird auch der Kurs der Anleihe nach oben gezogen.
2. Steigen die Zinsen, sinken häufig die Aktien auf breiter Front. Dann steigt der Kurs von Anleihen. Der Kurs der Wandelanleihen tendiert etwas verhalten. Er partizipiert nicht vollständig an der Kursentwicklung der Anleihen, er folgt aber auch nicht dem Aktiensturz.

Mit der Wandelanleihe spekuliert man auf steigende Kurse. Nur dann wurde das Kapital richtig eingesetzt. Fallen die Kurse, hat man immer noch die (magere) Verzinsung der Anleihe; man befindet sich also im Sicherheitsnetz. Millionär wird man dann allerdings nicht.

▶ Wer bei eingegrenztem Risiko ein wenig spekulieren möchte, ist mit der Wandelanleihe gerade richtig bedient.

Beispiel für Wandelanleihen

$$\text{Wandel-} \\ \text{parität} = \frac{\text{Preis der Wandelanleihe + aufgelaufene Zinsen +/– Zahlung}}{\text{Anzahl der Aktien}}$$

$$\text{Wandelprämie} = \frac{\text{Wandelparität x 100}}{\text{Kurs der Aktie}} - 100$$

Beispiel:
Kurs der Wandelanleihe: 220
aufgelaufene Zinsen (zwei Jahre, Nominalzins 4% auf Nennwert 200): 8
Zahlung: 30
Anzahl der Aktien pro Wandelanleihe: 4
Kurs der Aktie: 210

$$\text{Formel: Wandelparität} = \frac{220 + 8 - 30}{4} = 49{,}5$$

$$\text{Wandelprämie} = \frac{49{,}5 \text{ x } 100}{210} - 100 = -76{,}43$$

TIPP

Drei Schritte sind wichtig, wenn man sich auf Wandelanleihen einlässt.
1. Schritt: Man muss genau untersuchen, welche Unternehmen Wandelanleihen auflegen.
2. Schritt: Man muss sich sorgfältig mit dem Verlauf des Aktienkurses dieser Unternehmen beschäftigen.
3. Schritt: Schließlich ist abzuwägen, welcher Kurs dem ausgewählten Unternehmen zuzutrauen ist, welches Kurssteigerungspotenzial die Aktie beinhaltet.

Man entscheidet sich für eine Wandelanleihe, wenn die Konditionen der Anleihe günstiger erscheinen als ein direktes Investment in Aktien.

Kriterium für diese Entscheidung ist die Wandelparität. Sie drückt aus, um wie viel Prozent der Erwerb einer Aktie mittels Wandelanleihe teurer oder billiger wird als bei einem direkten Kauf an der Börse.

Wo gibt's weitere Informationen?

Bei Banken und Unternehmen, die Wandelanleihen herausbringen.

Wer hat hier behauptet, die Finanzakrobaten seien nicht fantasievoll? Wir bieten noch mehr Mischformen.

Anlageart: Optionsanleihen

Was ist das?

Die besonderen Finanzierungsbedürfnisse von Unternehmen einerseits und die beschränkte Aufnahmebereitschaft des Kapitalmarkts andererseits führte zu der Schaffung von Papieren, die die Vorzüge von festverzinslichen Wertpapieren und Dividendenpapieren (Aktien) auf sich vereinigen. Zu diesen Papieren gehören auch Optionsanleihen.

Emittenten geben Optionsanleihen heraus, wenn sie Zinsen sparen wollen. Zum Ausgleich bieten sie den Käufern das Recht, eine Aktie zu besonderen Bedingungen zu erwerben. Optionsanleihen gelten nicht gerade als „modern". In den letzten Jahren haben die Neuemissionen eindeutig nachgelassen. Da aber viele Optionsanleihen an der Börse gehandelt werden, besitzen sie durchaus noch eine gewisse Bedeutung.

Die Optionsanleihe ist eine Mischform aus Anleihe und Aktie.

Sie gewährt dem Besitzer ein Bezugsrecht auf Aktien eines bestimmten Unternehmens. (Es gibt auch Optionsrechte, die auf einen Umtausch in Devisen oder Gold lauten.)

Die Optionsanleihe besteht aus zwei Teilen, aus der Anleihe und dem Optionsschein. Nach Ablauf einer gewissen Frist kann die Option ausgeübt werden, also der Umtausch des Optionsscheines in die entsprechenden Aktien erfolgen.

Optionsanleihen und Optionsscheine sind börsenfähige Papiere. Bei den Optionsanleihen ergibt sich damit die Besonderheit, dass das Papier ab einem gewissen Zeitpunkt in zwei Einzelpapiere zerfällt. Damit werden die Börsenwerte unterschieden nach

- Optionsanleihe (mit Optionsschein),
- Anleihe (ohne Optionsschein) und
- Optionsscheinen.

So funktioniert's:

Optionsanleihen bezieht man im Allgemeinen über die Börse. Neuemissionen sind selten geworden, sodass im Normalfall nur der Zugang über die Börse bleibt. Für Optionsanleihen gibt es einen notierten Börsenkurs. Dieser Kurs gilt zunächst für die Anleihe mit Optionsschein. Wie bei einer Wandelanleihe erfolgt nach einer gewissen Zeit die Trennung zwischen Anleihe und Optionsschein. Im Gegensatz zur Wandelanleihe bleibt die (Options-)Anleihe jedoch bestehen; der Optionsschein hat sein Eigendasein.

Durch die Ausübung des Rechtes zur Umwandlung wird der Anleihenbesitzer zum Aktionär.

Der Zinssatz der Optionsanleihe ist normalerweise etwas niedriger als bei einer entsprechenden Industrieanleihe, denn der entscheidende Vorteil der Anlage (der Spekulationsaspekt) ist die zugesicherte zusätzliche Möglichkeit des Aktienkaufs.

Wichtig für die Beurteilung einer Optionsanleihe sind folgende Kriterien:

■ **Optionsfrist:** Mit Optionsfrist ist die Gültigkeit des Optionsscheins definiert, innerhalb der die Umwandlung in Aktien durchgeführt werden kann. Im Allgemeinen ist die Optionsfrist mit der Laufzeit der Anleihe identisch. Es ist jedoch durchaus möglich, dass die Optionsfrist erst nach einem gewissen Vorlauf beginnt oder eine gewisse Zeit vor Beendigung der Laufzeit endet. Eine Einschränkung der Optionsfrist gilt als negativ.

■ **Bezugskurs:** Der Optionsschein ist verbunden mit einem Bezugskurs, zu dem die Aktie erworben werden kann.

Die Optionsanleihe erwirbt man nicht, um sie möglichst umgehend in Aktien umzuwandeln. Die Umwandlung in Aktien erfolgt bei einem möglichst positiven Kursverlauf. Die Optionsanleihe ist damit ein Instrument für einen Aktienspekulanten, der sein Risiko begrenzen möchte. Kauf und Verkauf von Optionsanleihen erfolgen über die Börse. Man schaltet hierzu ein Bankinstitut ein. Auch die Umwandlung in Aktien erfolgt in der Regel über die Bank.

Das kostet's:
Bei Kauf und Verkauf der Optionsanleihe fallen die üblichen Bankgebühren an:
Bankprovision: 0,5 % auf den Kurswert (einmalig);
Maklergebühr: 0,075 % auf den Kurswert (einmalig);
Depotgebühren: 1,25 ‰ auf den Nominalwert (jährlich).

Und die Steuer?
Zinserträge unterliegen der Einkommensteuer. Kursgewinne und -verluste haben keine steuerliche Bedeutung. Dividendenerträge wiederum sind steuerpflichtig. Im Freistellungsauftrag an die Bank ist dies zu berücksichtigen.

Und der Euro?
Die Umstellung an den Börsen der EWU-Teilnehmerländer ist einheitlich am 4.1.1999 erfolgt. Seit diesem Zeitpunkt werden alle Börsenwerte in Euro ausgezeichnet.

AUF DEM PRÜFSTAND

Gemessen an den Kriterien der Anlagestrategie:
■ *Liquidität*
Die Optionsanleihe kann an der Börse jederzeit verkauft werden; dies trifft auch auf die Aktien nach Ausübung des Optionsrechtes zu. Eventuelle Kursverluste müssen natürlich in Kauf genommen werden.

■ *Sicherheit*
Die Sicherheit ist abhängig von der Bonität des Schuldners. Eine Besicherung erfolgt durch die so genannte Negativklausel. Diese besagt, dass sich das Unternehmen verpflichtet während der Laufzeit der Anleihe keine neuen Anleihen mit besseren Sicherheiten auszustatten.
Ein gewisses Risiko liegt in der Kursentwicklung der Börse. Solange der Zinssatz festgeschrieben ist, kann sich der börsennotierte Kurswert der

Optionsanleihe verändern. Möchte man gerne die Option wahrnehmen, muss man den Aktienkurs des Unternehmens im Auge behalten, um den richtigen Augenblick zu nutzen.

Im Allgemeinen lauten Optionsanlagen auf DM. Dann ist kein Kursrisiko gegeben. Bei anderen Währungen muss man dagegen vorsichtig sein.

■ *Rentabilität*

Die Rentabilität einer Optionsanleihe ist äußerst schwierig zu beurteilen, da viele Parameter die Rendite beeinflussen können. Dennoch sollen folgende Aussagen getroffen werden:

1. Der **Nominalzins der Optionsanleihe** liegt unter dem Zins von Industrieobligationen. Wer die Option nicht vornehmen möchte, sollte sich nicht auf Optionsanleihen einlassen.

2. Die **Rendite,** die sich mit einer Optionsanleihe erzielen lässt, liegt im Zinssatz der Anleihe und in der Differenz zwischen Bezugskurs (der mit der Anleihe garantiert wurde) und börsennotiertem Aktienkurs.

Damit ist die generelle Aussage zur Rentabilität auch bereits begrenzt. Man sieht die Optionsanleihe als eine „Aktienspekulation mit Netz" an.

Bewertung im Überblick

Liquidität	
Sicherheit	
Rentabilität	

Empfehlung für die Anlagestrategie:
Der Anleger, der sich für Anleihen entscheidet, ist mit einer Optionsanleihe sicherlich nicht gut bedient. Dies liegt an der sehr komplizierten Handhabung. Wer sich jedoch mit der Aktienspekulation beschäftigen möchte und Wert auf ein Sicherheitsnetz legt, ist mit einer Optionsanleihe gut bedient.

Auf die Optionsscheine wird im Kapitel „Aktien" näher eingegangen.

▷ Wer bei eingegrenztem Risiko ein wenig spekulieren möchte, liegt mit Optionsanleihen gerade richtig. Vielleicht hebt er sich seinen Optionsschein auch noch ein wenig auf und überprüft ihn im Kapitel „Aktien" erneut.

Wo gibt's weitere Informationen?
Bei Banken und Unternehmen, die Optionsanleihen herausbringen.

Genussscheine haben viel mit „genießen" zu tun. Sie „verführen" die Anleger; Genussscheine winken mit hohen Renditen.

Anlageart: Genussscheine

Was ist das?
Genussscheine sind Risikopapiere, die sich im Graubereich zwischen Anleihe und Aktien bewegen.

Genussscheine gewähren ein Anrecht (ein Genussrecht) auf die anteiligen Gewinne der Aktiengesellschaft, jedoch ist mit ihnen kein Stimmrecht verbunden. Die Aktiengesellschaft verschafft sich mit Genussscheinen Risikokapital, mit dem aber kein Mitspracherecht verbunden ist, wie es sonst einem Aktionär zugestanden wird.

Es gibt folgende unterschiedlich gestaltete Genussscheine:

- Genussscheine mit fester Ausschüttung,
- Genussscheine mit ergebnisabhängiger Ausschüttung und
- Genüsse, die zusätzlich ein Wandelrecht in Aktien beinhalten.

So funktioniert's:

Die Abwicklung erfolgt über die Bank, die für ihren Kunden börsennotierte Genüsse beschafft. Ist eine Umwandlung vereinbart, wird auch diese über die Bank veranlasst.

Das kostet's:

Die Spesen sind wichtig bei der Beurteilung der Rendite. Ihre Höhe bei Genüssen entspricht dem Verhandlungsgeschick. Man muss mit der Bank dahingehend verhandeln, dass sie Genüsse wie Anleihen behandelt (und nicht wie Aktien). Dann fallen als Provision nur 0,5 % auf den Kurswert (einmalig) an (bei Aktien das Doppelte). Die Maklercourtage beträgt zwischen 0,06 % und 0,075 % auf den Kurswert (einmalig). Die jährlichen Depotgebühren umfassen etwa 1,25‰ auf den Nominalwert.

Und die Steuer?

Die Steuer wertet den Genussschein wie eine Aktie. Es fallen 25 % Kapitalertragssteuer an. Diese werden bei einem entsprechenden Freistellungsauftrag zunächst an den Anleger ausgezahlt. Zinsen auf Genussscheine unterliegen selbstverständlich der Einkommensteuer.

Anleger mit hohem Grenzsteuersatz können an ein Steuersparmodell denken. Wie die Dividende werden auch die Zinsen des Genussscheins am Tag nach der Hauptversammlung vom Kurs abgesetzt. Dann steigt der Kurs kontinuierlich um den entsprechenden Stückzinsanteil an (vorausgesetzt, das Zinsniveau am Kapitalmarkt ändert sich nicht). Im Verlauf des Jahres ist die gesamte Ausschüttung wieder im Kurs enthalten. Wer nach der Absetzung kauft und vor der nächsten Hauptversammlung verkauft, realisiert steuerfreie Kursgewinne. Die Spekulationssteuer kommt auch nicht zum Tragen, weil man das Wertpapier über sechs Monate im Besitz behält.

Und der Euro?

Die Umstellung an den Börsen der EWU-Teilnehmerländer ist einheitlich am 4.1.1999 erfolgt. Seit diesem Zeitpunkt werden alle Börsenwerte in Euro ausgezeichnet.

AUF DEM PRÜFSTAND

Gemessen an den Kriterien der Anlagestrategie:

- *Liquidität*

Da beginnen bereits die Probleme. Zwar werden viele Genussscheine an der Börse notiert, aber es ist nicht immer gesagt, dass täglich ein Abschluss zustande kommt. Bei der Liquidität sind eindeutig Abstriche zu machen.

■ *Sicherheit*
Das Bonitätsrisiko ist relativ gering, da nur renommierte Unternehmen Genussscheine herausbringen.
Relativ unsicher ist allerdings die Ausschüttung der Zinserträge. Die Mehrheit der Genussscheine hat eine feste Ausschüttung und wird zum Nennwert wieder zurückgezahlt. Dabei muss jedoch festgestellt werden, dass die „feste" Auszahlung nicht so sicher ist, wie sie scheinen mag. Sie wird nämlich nur ausgezahlt, wenn der Bilanzgewinn dazu ausreicht. Damit ist der Besitzer von Genussscheinen mit dem Aktionär gleichgestellt. Es kann sogar eine Minderung der Rückzahlungsansprüche bei Bilanzverlusten vorkommen.
Genussscheine mit einer ergebnisorientierten Zinsauszahlung geben keinen Sinn, wenn sie nicht zusätzlich mit einem Wandelrecht ausgestattet sind. Sonst wäre jeder Anleger besser beraten direkt die entsprechenden Aktien zu kaufen.

■ *Rentabilität*
Die Renditen liegen bei einem oder zwei Prozentpunkten über den öffentlichen Anleihen. Das ist in manchen Fällen bei den hohen Risiken nicht ausreichend.

Bewertung im Überblick

Liquidität	▭
Sicherheit	▭
Rentabilität	▭

Empfehlung für die Anlagestrategie:
Papiere erstklassiger Schuldner sind kaufenswert, wenn die Rendite über 10 % liegt. Bei niedrigeren Renditen lohnen sich die Anstrengungen nicht.

▷ Die Genussscheine sind eine recht komplizierte Spekulation mit Netz; konservative Anlagen können manchmal mehr bieten.

Wo gibt's weitere Informationen?
Bei Banken und Unternehmen, die Genussscheine emittieren.

Was versteht man unter „Derivate"?
Fast täglich gibt es neue Produkte, die meist Variationen oder Kombinationen von Anleihen und Optionsscheinen sind. Sie bezeichnet man als Derivate. Aktienindex-, Covered-, Devisen- und Zinsoptionsscheine sowie Optionen und Financial Futures gehören zum Betätigungsfeld institutioneller Investoren. Für den Privatanleger ist ein Engagement aufgrund der Unübersichtlichkeit der Produkte nicht zu empfehlen.

Beispiel Corex-Anleihen:
Die Frankfurter Commerzbank emittierte eine Anleihe, deren Verzinsung sich am REX-Subindex für zehnjährige Anleihen der Deutschen Börse orientiert. Der Kupon beträgt bei der fünfjährigen Laufzeit 86 % der Rendite des Zehn-Jahres-REX. Daraus ergibt sich eine Nominalverzinsung von 6,52 % im ersten Jahr. Die jährliche Zinsanpassung verleiht der Corex-Anleihe den Charakter eines Floaters.

Beispiel Comax-Anleihen:
Ebenfalls die Frankfurter Commerzbank brachte eine Comax-Anleihe
heraus. Die Verzinsung der Anleihe
ist an den DAX gekoppelt. Die
Schuldverschreibung wird nach fünf
Jahren zurückgezahlt. Die Verzinsung entspricht der Hälfte der DAX-
Entwicklung. Steigt der DAX um
16 %, erhält der Anleger 8 % Zinsen;
fällt der DAX hingegen, erhält der
Anleger keine Zinsen.

*Für wen eigentlich sind Fonds geeig-
net? Für die Faulen, für die Laien,
für die Klugen?*

Anlageart: Fonds

Was ist das?

Zitat 1
Im Jahr 1868 erfand man an der
Londoner Börse das so genannte Investment-Sparen. Ein Sprecher ver-
kündete Folgendes:
„Unser Ziel ist es, kleineren Anlegern
die gleichen Vorzüge zu erschließen
wie den großen, indem wir das Risiko durch Verteilung der Geldanlage auf verschiedene Wertpapiere
mindern."

Zitat 2
Aus einem Werbeprospekt:
„Nach reiflicher Überlegung steht
der Entschluss fest: Jetzt wird das Ge-
sparte angelegt. Und damit stellt sich
die Frage nach der richtigen Anlageform. Nicht kompliziert, sondern einfach soll die Geldanlage sein, gleich-

zeitig aber eine gute Rendite erbrin-
gen, das ist selbstverständlich. Am
besten ganz professionell an der
Börse. Aber dafür fehlt das Wissen
und mit dem mühsam Ersparten
möchte man schließlich keine ris-
kanten Experimente eingehen. Möglicherweise findet sich ein Fach-
mann, der sich um die Geldanlage
kümmert? Aber dafür ist der Einsatz
vorerst vielleicht doch zu niedrig.
Eine lukrative Anlagemöglichkeit,
die alle Anforderungen erfüllt, bleibt
jedoch: das Investment-Sparen."

Stimmt der Anspruch?
Die Idee ist sicherlich richtig. Die
Fondsgesellschaft erhält von vielen
(Klein-)Anlegern Kapital und legt dieses wiederum an, indem Aktien, Obligationen oder Immobilien erworben werden. Grundgedanke ist damit
die Risikostreuung und die professionelle Verwaltung.

Wie kann man die vielen
Fondstypen gliedern?
Generell unterscheidet man zwischen Investmentfonds und Immobilienfonds. Der Investmentfonds unterteilt sich wiederum in Aktienfonds
und Rentenfonds.

Kurzdefinitionen:
Aktienfonds: Das Fondsvermögen
wird in einer Vielzahl von Aktien angelegt. Man spricht auch von Sub-
stanzwertfonds.
Rentenfonds: Die dem Fonds zufließenden Mittel werden in vielen
festverzinslichen Wertpapieren verschiedener Emittenten mit unter-

schiedlicher Laufzeit und uneinheitlichem Nominalzinssatz investiert. Man spricht in diesem Falle von Geldwertfonds.

Immobilienfonds: Das Fondsvermögen wird in unterschiedlichen Immobilien angelegt.

Nun gibt es natürlich noch eine ganze Reihe von weiteren Unterscheidungen. Die wichtigsten sind:

Die Fonds unterscheiden sich im Zugang für den Sparer:
- offene Fonds,
- geschlossene Fonds.

Offene Fonds: Üblich sind offene Fonds. Sie sind jederzeit zugänglich für jeden Sparer. Im Allgemeinen kann man sich bereits mit einem geringen Betrag an einem Fonds beteiligen. Es gibt aber auch Fonds, die eine entsprechend hohe Mindestbeteiligung verlangen.

Geschlossene Fonds: Sie können nur bis zu einem gewissen Gesamtbetrag gezeichnet werden. Das gezeichnete Kapital ist relativ langfristig angelegt. Neues Kapital wird im Allgemeinen nicht benötigt. Geschlossene Fonds spielen insbesondere eine Rolle als geschlossene Immobilienfonds.

Die Fonds unterscheiden sich im Einzahlungsmodus:
- Einzahlung in einer Summe,
- Einzahlung in regelmäßigen Teilsummen.

Die Fonds unterliegen normalerweise (falls keine Mindestbeteiligung erforderlich ist) keinen Einschränkungen. Man kann sich bereits mit kleinen Geldbeträgen an einem Fonds beteiligen. Nach oben gibt es selbstverständlich auch keine Einschränkungen. Wird in regelmäßigen Beträgen einbezahlt, handelt es sich um fondsgestützte Sparpläne.

Die Fonds unterscheiden sich im Auszahlungsmodus der Erträge:
- regelmäßige Ausschüttung,
- thesaurierende Fonds.

Üblich ist eine regelmäßige Ausschüttung. In diesen Fällen wird ein erwirtschafteter Ertrag halbjährlich oder jährlich ausbezahlt.
Bei thesaurierenden Fonds wird der Ertrag einbehalten und neu angelegt. Der Anleger muss sich keine Gedanken über die Wiederanlage der Erträge machen.

Die Fonds unterscheiden sich in der Laufzeit:
- keine Begrenzung der Laufzeit,
- mit begrenzter Laufzeit.

Üblich ist, dass ein Fonds keiner Laufzeitbegrenzung unterliegt. Frei gewordene Gelder werden wieder neu angelegt, wodurch die Laufzeit des Fonds ständig verlängert wird.
Das Gegenteil dazu ist der so genannte Laufzeitfonds, eben ein Fonds mit begrenzter Laufzeit. Die Rückzahlung des angesammelten Vermögens erfolgt zu einem bestimmten Termin.

Spezielle Fonds: Es gibt eine Reihe von speziellen Fonds, die durchaus interessant sein können, weil sie sich auf genau definierte Segmente beziehen. Gleichzeitig bergen sie jedoch auch ein erhöhtes Risiko. Spezielle Fonds können sich zum Beispiel nur auf Aktien in den USA oder in Südostasien sowie auf festverzinsliche Wertpapiere mit kurzer Laufzeit beschränken.

So funktioniert's:
Der Anleger kauft und verkauft Fondsanteile über seine Bank. Er erhält so genannte Investmentzertifikate, also Wertpapiere.
Eine Kapitalanlagegesellschaft verwaltet die Fonds. Das Fondsmanagement kauft und verkauft Wertpapiere an den Kapitalmärkten und Wertpapierbörsen.

Das kostet's:
Häufig wird von geschickten Verkäufern behauptet, dass der Kauf von Investmentanteilen kostenfrei sei. Dem ist natürlich nicht so, wenngleich in den meisten Fällen keine Gebühren verlangt werden. Die Banken als Verkäufer eines Fonds verdienen an der Differenz zwischen dem Verkaufspreis und dem Ankaufspreis. Die Banken nennen dies Ausgabe- und Rücknahmepreis. Die Differenz kann recht hoch sein. Bei Aktienfonds kann sie bis zu 6 % betragen (bei Rentenfonds bis zu 3 %). Dies bedeutet, dass der Anleger bei kurzfristigen Käufen und Verkäufen von Fondsanteilen mindestens 6 % Differenz einkalkulieren muss.

HINWEIS Vielfach ist es günstiger, das Fondskonto nicht bei der Bank oder Sparkasse führen zu lassen, sondern bei der entsprechenden Fondsgesellschaft direkt. Der Anlageberater wird vermutlich den Sparer darauf hinweisen.

Aufgrund des verwaltungstechnischen Aufwands der Zinsabschlagssteuer haben manche Fonds Kontoführungsgebühren eingeführt.

Und die Steuer?
Zinserträge und Dividendenerträge unterliegen der Einkommensteuer, Kursgewinne und -verluste dagegen nicht. Damit hat man bereits das steuerliche Problemfeld abgegrenzt. Wie kann man Steuern sparen? Bei welchen Fonds zahlt man Steuern? Generell kann man diese Fragen natürlich kaum beantworten. Dennoch lassen sich folgende Aussagen machen:

- Rentenfonds haben einen relativ hohen steuerpflichtigen Ergebnisanteil.
- Aktienfonds profitieren vielfach von der Kursentwicklung. Damit ist der steuerpflichtige Ergebnisanteil wesentlich geringer.
- Immobilienfonds haben ebenfalls einen geringen Ergebnisanteil.

ACHTUNG Wer Steuern sparen möchte, engagiere sich vorrangig in Aktien- und Immobilienfonds.

Verkauft man Fondsanteile im Laufe des Jahres (vor der Ausschüttung bzw. Thesaurierung), versteuert man den Zwischengewinn. Dieser wird von der Fondsgesellschaft entweder automatisch oder auf Anfrage ausgewiesen.

Und der Euro?
Alle Fonds sind seit dem 1.1.1999 in Euro umgestellt.

AUF DEM PRÜFSTAND

Gemessen an den Kriterien der Anlagestrategie:

- ***Liquidität***

Theoretisch gesehen ist Liquidität kein Problem, denn die meisten Fondsanteile können jederzeit verkauft werden. Dennoch ist bei der Vielzahl von aufgelegten Fonds nachzuprüfen, ob der Fonds täglich börsennotiert ist.
Viele ungeplante Verkäufe können nur mit Verlust realisiert werden (insbesondere durch die hohen Spesen). Wer diesen Verlust nicht eingehen will, kann die Fondsanteile auch beleihen.

- ***Sicherheit***

Die deutschen Fondsgesellschaften haben sich durchaus einen Namen gemacht. Sie bürgen für Qualität. Jedoch muss man sich darüber klar sein, dass der beste Fondsmanager nicht mit Garantie „beste Ergebnisse" erzielen wird. Die Ergebnissicherheit ist wohl am ehesten bei Immobilienfonds gegeben, dann folgen Rentenfonds, mit Abstand die Aktienfonds.

- ***Rentabilität***

Fonds sollte man nicht als eine kurzfristige Anlage ansehen. Daher muss man die Bewertung der Rendite auch auf einen längeren Zeithorizont ausdehnen. Die Renditebewertung sollte auf einer Zehn- und auf einer Fünf-Jahres-Basis erfolgen, was nicht heißt, dass man die kurzfristige Entwicklung aus dem Auge verlieren muss.

HINWEIS Wie bewertet man die Ergebnisse von Fonds? Verschiedene Finanzzeitschriften führen regelmäßig Bewertungen von Fonds durch. Sehr solide erscheint das Bewertungsschema der Zeitschrift *Das Wertpapier*. Es unterscheidet zwischen einjähriger, fünfjähriger und zehnjähriger Ergebnisentwicklung.

Bewertung im Überblick

Liquidität
Sicherheit
Rentabilität

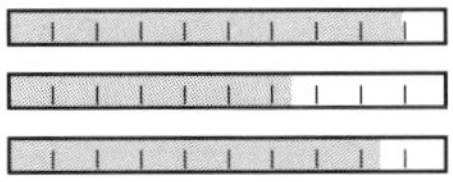

Empfehlung für die Anlagestrategie: Fonds gehören heute zu jeder Anlagestrategie. Wir folgen damit der Argumentation, dass die Profis eben doch mehr können als der „Kleinanleger". Dabei sollte man eine „vernünftige Mischung" wählen. Man wird nicht nur auf Aktienfonds setzen, sondern auf jeden Fall einen Rentenfonds sozusagen flankierend zeichnen. Gehen die Aktienkurse (aufgrund hoher Zinsen) nach unten, steigen die Kurse der festverzinslichen Wertpapiere.

Die **deutschen Aktienfonds** zeichnen sich durch hohe Rentabilität, aber auch durch ein relativ hohes Risiko aus. Die Anlagegrundsätze besagen, dass immer zu einem gewissen Prozentsatz investiert werden muss, sodass Haussen und Baissen nachvollzogen werden und es zu Wertschwankungen kommt. Die deutschen Aktienfonds eignen sich daher besonders gut für Einzahlungspläne. (Da immer der gleiche Betrag eingezahlt wird, nivelliert man die Ausschläge von Haussen und Baissen.) Selbstverständlich sind sie aus den gleichen Gründen für Auszahlungspläne nicht geeignet.

Die internationalen Aktienfonds streuen ihr Risiko breiter und halten damit die Risiken geringer. Sie haben aber auch etwas geringere Renditen.

Deutsche Rentenfonds weisen grundsätzlich eine schlechtere Wertentwicklung auf als Aktienfonds, unterliegen aber auch nicht so starken Wertveränderungen. Die Investition in Rentenfonds ist jedoch als sehr sichere Geldanlage zu betrachten.

Die **internationalen Rentenfonds** bringen einerseits eine etwas größere Wertveränderung; nicht zuletzt aufgrund von Kurs- und Währungsschwankungen bieten sie auf der anderen Seite aber auch eine etwas höhere Rendite.

Die **offenen Immobilienfonds** haben eine mäßige, aber sehr konstante und solide Wertentwicklung. Sie eignen sich daher gut für Auszahlungspläne.

▷ Ein Teil seines Anlagevermögens sollte man unbedingt den Profis anvertrauen.

TIPP

„Die Mischung macht's." Unter dieser Überschrift setzte die Zeitschrift *Finanzen* Profis auf Profis an. Professionelle Fonds-Picker suchten für ihre Klientel die besten und attraktivsten Fonds aus und investierten dann in diese. Sobald die Analytiker irgendwelche Abweichungen von der Fondsstrategie feststellten oder die Ergebnisse schrumpften, wurde in andere Fonds umgeschichtet.

Die veröffentlichten Ergebnisse bestätigen die Richtigkeit der Überlegung. Dennoch, viele Anleger werden nicht mithalten können. Die Mindestsummen betragen 10.000 DM und mehr, manchmal auch erst 100.000 DM. Die Gebühren belaufen sich auf 5 bis 10%, häufig kommt noch ein Erfolgshonorar hinzu.

Da hat eine Versicherung die überzeugende Idee: Sicherheit und Vermögensverwaltung quasi als Kombipaket zu offerieren. Eine Versicherung (Lebensversicherung) bietet die Wahl zwischen mehreren Risikoklassen einer gemanagten Fondspolice. Der Versicherungsnehmer entscheidet sich für eine der Klassen und seine Kapitalanlage wird von Profis gemanagt. Er kann wählen zwischen den Klassen „Sicherheit" (Renten Welt, Geldmarkt Welt, Immobilien Welt), „Sicherheit mit Wachstum" (Renten Welt, Geldmarkt Welt, Immobilien Welt, Aktien Welt, Aktienanteil maximal 20%), „Sicherheit mit Risikobegrenzung" (Renten Welt, Geldmarkt Welt, Immobilien Welt, Aktien Welt, Aktienanteil maximal 50%) und „aktives Risikomanagement" (Renten Welt, Geldmarkt Welt, Immobilien Welt, Aktien Welt, Gold, Rohstoffe). Das Ganze soll nur 0,5% mehr als eine „normale" fondsgebundene Lebensversicherung kosten (Anbieter: MLP). Das klingt zwar gut, aber es bleibt abzuwarten, wie die Umsetzung aussieht. Der Versicherungsnehmer sollte zwei Kriterien anlegen und vor Vertragsabschluss auch überprüfen:

■ Wie gestaltet sich die Kommunikation mit der Versicherungs- oder Fondsgesellschaft?
■ Wie nachvollziehbar ist die Abrechnung bzw. die Vermögensentwicklung?

Wo gibt's weitere Informationen?
Mehr als 800 Fonds sind in der Bundesrepublik zum öffentlichen Verkauf zugelassen. Eigentlich müsste man meinen, dass die Qual der Wahl sehr groß sei. Dem ist aber nicht so, was an den unterschiedlichen Wegen liegt, auf denen sich die Anleger dem Thema „Fonds" nähern.
An die 80% aller Fonds werden über die Banken und Sparkassen vertreten. Die Institute verkaufen vorwiegend nur eigene Produkte. Man muss schon viel Überzeugungskraft aufwenden, wenn man das Produkt einer anderen Bank erstehen will. Die DWS-Fonds gibt es bei der Deutschen Bank, die DIT-Fonds bei der Dresdner Bank. Die Commerzbank

führt Adig-Fonds, die Sparkassen Deka-Fonds, die Volks- und Raiffeisenbanken Union-Fonds. Man kann unterschiedliche Fonds der einzelnen Gesellschaften zeichnen. Hinzu kommen die Sonderfonds der jeweiligen luxemburgischen Töchter.
Fonds können auch direkt bei den Fondsgesellschaften gezeichnet werden. Viele ausländische Gesellschaften werben in der Presse. Wenn sie keine Bank als Vertragspartner finden, sind sie auf diesen direkten Vertriebsweg angewiesen.

Informationen über alle deutschen Investmentfonds erhält man bei:

Bundesverband deutscher Investmentgesellschaften Eschenheimer Anlage 28 60318 Frankfurt

Mittlerweile beschäftigen sich auch unabhängige Finanzvermittler und Anlageberater mit Finanzdienstleistungen. Vielfach gibt es unter ihnen Ausschließlichkeitsvertreter (die wie die Bankenberater nur die Produkte einer Gesellschaft vertreten). Die freien Vermittler sind von den gezahlten Provisionen abhängig, also auch nicht ganz frei in ihren Empfehlungen.
Dennoch etablieren sich gerade in der Anleiheberatung auch Institute, die möglichst objektiv informieren und versuchen, die Unterschiede der mannigfachen Anleihen herauszuarbeiten.

Wer sich als Anleger nicht um die Details von Rentenpapieren kümmern will, engagiert sich besser in Rentenfonds.

Anlageart: Rentenfonds

Was ist das?

Immer wieder sieht man Statistiken, die die Vorliebe deutscher Anleger für festverzinsliche Papiere zeigen. Diese Präferenzen spiegeln sich auch in den Erfolgen der Rentenfonds wider, die seit 1966 (erstmals auf den Markt gebracht) über 70 % des in Fonds eingezahlten Vermögens auf sich verbuchen konnten.

Für die Beliebtheit der Fonds spricht sicherlich auch eine gewisse Dienstleistungsfunktion. Der Anleger braucht sich um Fälligkeiten, Entscheidungen oder Termine nicht zu kümmern. Diese Arbeiten und Dispositionen nimmt ihm die Fondsverwaltung ab. Mit seinem Anteil am Rentenfonds besitzt der Anleger ein einziges, leicht überschaubares Wertpapier. Demgegenüber – und das ist die Alternative – betreibt der Investor mit eigener Vermögensbildung bald ein umfangreiches Wertpapierdepot, das eben auch gemanagt werden muss.

Hinzu kommt noch, dass die „ruhigen" Zeiten der Rentenpapiere vorbei sind. Es wird immer größere Schwankungen in den Kursen von festverzinslichen Wertpapieren geben, sodass der Anleger schneller reagieren muss. Dies ist ein weiteres Argument für die professionellen Fondsmanager.

HINWEIS Nicht alle Argumente sprechen für die Rentenfonds. Man kann durchaus bessere oder gleich gute Anlageergebnisse mit traditionellen Anlagen in Bundesobligationen erzielen. Der Fünfjahresvergleich bringt es ans Licht. Von 1987 bis 1992 konnte man mit Bundesobligationen 27,1 % Rendite erzielen. Nur wenige Fonds haben dieses Ergebnis nach Abzug aller Kosten erreichen können.

Was sind eigentlich Rentenfonds?

Rentenfonds sind dadurch definiert, dass die dem Fonds zufließenden Mittel in viele festverzinsliche Wertpapiere verschiedener Emittenten – mit unterschiedlicher Laufzeit und uneinheitlichem Nominalzins – investiert werden. Meist investieren traditionelle Rentenfonds in längerfristige Anlagen, die von kürzeren Kursschwankungen kaum tangiert werden. Damit ist zwar eine hohe Sicherheit gewährleistet, die Gewinnentwicklungen aber werden wiederum gebremst. Aus diesem Grund hat man unterschiedliche, neuartige Produkte kreiert, die innovativer gestaltet sind.

Kurzläufer-Rentenfonds: Diese spezielle Art von Rentenfonds investiert gezielt in festverzinsliche Wertpapiere mit kürzeren Laufzeiten und Restlaufzeiten, die sich in der Regel zwischen einem und maximal fünf Jahren bewegen.

Geldmarktnahe Rentenfonds: Diese Fonds können bis zu 49 % ihres

Welche Konditionen bieten traditionelle Rentenfonds (Schwerpunkt Deutschland)?

Fondsname	Investmentgesellschaft	Wertentwicklung in %		
		1 Jahr	5 Jahre	10 Jahre
Adirenta	Adig	5,7	7,6	6,9
Deutscher Rentenfonds	DIT	6,9	7,8	7,3
FT Interzins	FT	5,7	6,7	6,6
Gerling Rendite	Gerling	5,3	7,0	7,0
Inrenta	DWS	6,3	7,5	7,1
VLP DM-Renten	A.L.S.A.	9,7	7,7	–

(Quelle: Akademische Arbeitsgemeinschaft: Geldtipps 8/98)

Fondsvermögens in Geldmarktpapieren investieren, der Rest wird in Wertpapieren mit kurzen Laufzeiten angelegt.

Rentenfonds mit begrenzter Laufzeit (Laufzeitfonds): Diese Fonds investieren wie die traditionellen Rentenfonds in festverzinsliche Wertpapiere. Allerdings stellen sie den Verkauf von Anteilen in der Regel nach einer bestimmten Frist ein oder behalten sich vor bei ungünstiger Marktentwicklung (zum Beispiel bei stark sinkenden Zinsen) den Anteilabsatz auszusetzen. Nach einer festgelegten Laufzeit wird der Fonds aufgelöst und das Fondsvermögen an die Anteilinhaber zurückgezahlt. Ein Vorteil besteht darin, dass die laufenden Zinsen nicht ausgeschüttet, sondern wieder angelegt werden können. Es handelt sich also um thesaurierende Fonds.

So funktioniert's:
siehe unter „Fonds"

Die meisten Fonds werden an der Börse gehandelt; also kann man sie über die Hausbank an der Börse erstehen und dort wieder verkaufen.

Das kostet's:
siehe unter „Fonds"

Die Banken unterscheiden zwischen einem Ausgabepreis, zu dem der Anleger die Anteile kauft, und einem Rücknahmepreis. Je nach Fonds kann die Differenz zwischen 1 und 3 % betragen. Je kürzer die Laufzeit, desto geringer in der Regel der Aufschlag. Es handelt sich für den Käufer um einen Kostenfaktor, der natürlich erst einmal verdient werden muss.

Und die Steuer?
siehe unter „Fonds"

Die erwirtschafteten Zinsen der Rentenfonds unterliegen der Einkommensteuer; Kursgewinne sind steuerlich nicht relevant.

Und der Euro?
siehe unter „Fonds"

AUF DEM PRÜFSTAND

Traditioneller Rentenfonds

Gemessen an den Kriterien der Anlagestrategie:

■ *Liquidität*
Die Liquidität ist jederzeit gegeben; Erwerb und Verkauf erfolgen über die Börse. Die Fondsanteile können beliehen werden.

■ *Sicherheit*
Rentenpapiere gelten allgemein als sichere Geldanlagen. Die Fonds übernehmen diese Sicherheit.

■ *Rentabilität*
Die Renditen liegen etwas höher als normale Renditen von Rentenpapieren, wenn die Fondsmanager „cherry picking" praktizieren. Da beginnt jedoch die grundsätzliche Schwierigkeit. Nicht jeder Fondsmanager leistet nämlich beste Arbeit. Die Kosten (bis zu 3%) müssen erst einmal über höhere Renditen hereingeholt werden.

Bewertung im Überblick

Liquidität
Sicherheit
Rentabilität

Empfehlung für die Anlagestrategie:
Anteile eines Rentenfonds gehören in jedes Depot; besonders sicherheitsbewusste Anleger werden Anteile von Rentenfonds zeichnen.

Kurzläufer-Rentenfonds

Gemessen an den Kriterien der Anlagestrategie:

■ *Liquidität*
Die Liquidität ist jederzeit gegeben; Erwerb und Verkauf erfolgen über die Börse. Die Fondsanteile können beliehen werden.

■ *Sicherheit*
Rentenpapiere gelten allgemein als sichere Geldanlagen. Die Fonds übernehmen diese Sicherheit.

■ *Rentabilität*
Papiere mit kurzen Laufzeiten haben den Vorzug, dass sie in Zinsänderungsphasen ausgeprägten Kursschwankungen weniger unterliegen als diejenigen Papiere mit längeren Laufzeiten.
Darüber hinaus investieren diese Fonds in Anleihen mit variabler Verzinsung (Floater), deren Zinssätze halb- oder vierteljährlich dem aktuellen Geldmarktsatz angepasst werden. Die Kursrisiken dieser Titel sind daher stark begrenzt. Die Renditen sind marktorientiert.

Bewertung im Überblick

Liquidität
Sicherheit
Rentabilität

Empfehlung für die Anlagestrategie:
Kurzläufer-Rentenfonds federn Rückgänge der Anteilspreise in Zeiten

Welche Konditionen bieten Kurzläufer-Rentenfonds?

Fondsname	Investmentgesellschaft	Wertentwicklung in %		
		1 Jahr	5 Jahre	10 Jahre
Deka Tresor	Deka	4,0	6,1	6,5
Hansazins	Hansainvest	2,8	5,5	6,1
Oppenheimer Inland-Rent	Oppenheim	3,3	5,2	5,7
Basis Fonds I	FT	4,0	5,7	6,7

(Quelle: Akademische Arbeitsgemeinschaft: Geldtips 8/98)

Welche Konditionen bieten geldmarktnahe Rentenfonds?

Fondsname	Investmentgesellschaft	Wertentwicklung in %		
		1 Jahr	5 Jahre	10 Jahre
Adikur	Adig	3,2	5,1	5,7
DM-Kapital-Fonds	Trinans Lux.	2,3	5,2	–
DVG Select-Rent	DVG	3,4	5,4	5,9
Accurent K	FT	3,1	4,7	5,7
Unikapital	Union	4,0	5,4	6,6
Uniplus Kapital DM	Union Lux	3,4	5,2	–

(Quelle: Akademische Arbeitsgemeinschaft: Geldtips 8/98)

steigender Zinsen weitgehend ab. Sie eignen sich für Sparer, die das Kursrisiko bewusst eingrenzen möchten.

Geldmarktnaher Rentenfonds

Gemessen an den Kriterien der Anlagestrategie:

■ *Liquidität*
Die Liquidität ist jederzeit gegeben; Erwerb und Verkauf erfolgen über die Börse. Die Fondsanteile können beliehen werden.

■ *Sicherheit*
Rentenpapiere werden als sichere Geldanlagen eingeschätzt. Die Fonds übernehmen diese Sicherheit.

■ *Rentabilität*
Die geldmarktnahen Rentenfonds erweisen sich als sehr kursstabil. Sie bieten vorsichtigen Anlegern die attraktiven Zinsen des Geldmarktes (also des Marktes für kurzfristiges Kapital).

Bewertung im Überblick

Liquidität
Sicherheit
Rentabilität

Empfehlung für die Anlagestrategie:
Geldmarktnahe Fonds zeichnen alle Eigenschaften einer guten Parkposition für kurz- und mittelfristiges Geld aus.

Rentenfonds mit begrenzter Laufzeit (Laufzeitfonds)

Gemessen an den Kriterien der Anlagestrategie:

- ***Liquidität***

Die Liquidität ist jederzeit gegeben; Erwerb und Verkauf erfolgen über die Börse. Die Fondsanteile können beliehen werden.

- ***Sicherheit***

Rentenpapiere gelten allgemein als sichere Geldanlagen. Die Fonds übernehmen diese Sicherheit.

- ***Rentabilität***

Die Renditen treffen im Allgemeinen das Marktniveau.

Bewertung im Überblick

Liquidität
Sicherheit
Rentabilität

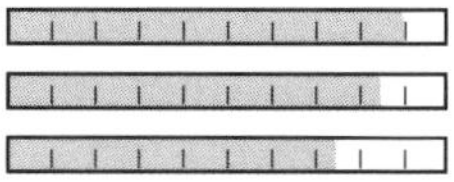

Empfehlung für die Anlagestrategie: Anleger, die eine ertragreiche, überschaubare und zugleich liquide Anlageform suchen, sind bei Laufzeitfonds gerade richtig. Zudem kann aufgrund der festgelegten Laufzeit terminiert gespart werden. Die Fonds eignen sich also für Sparer, die das Kapital zu einem gewissen Zeitpunkt benötigen. Sie bleiben jedoch während der gesamten Spardauer flexibel und liquide, da sie die Fondsanteile zum Rücknahmepreis zurückgeben können.

TIPP

Fonds mit Zinsgarantie
Rücknahmepreisgarantien werden immer nur über sehr kurzfristige Zeiträume angeboten. Ein Beispiel hierfür bietet der R&S Garant. Der Fonds investiert in Staatsanleihen und staatsgarantierte Wertpapiere von Staaten der Organisation für wirtschaftliche Zusammenarbeit und Entwicklung (OECD). Der R&S Garant erwirbt vornehmlich festverzinsliche Wertpapiere mit kurzen Laufzeiten und Anleihen mit variabler Verzinsung.

Welche Vorteile bieten Geldmarktfonds?
Geldmarktfonds investieren nicht in Rentenpapiere, sondern in Floater, Anleihen mit sehr kurzen Restlaufzeiten, und in Termingelder. Die Fondsmanager erhalten dabei selbstverständlich höhere Zinsen, die Gebühren fallen niedriger aus. Wenn der Fondsmanager richtig arbeitet, müsste er folglich mehr erwirtschaften als der Privatanleger. So werben die Fonds auch mit folgenden Argumenten:

- Hohe Kapitalsicherheit, denn wir kooperieren nur mit Banken höchster Bonitätseinstufung;
- Zinssätze auf „Großhandelsniveau";
- keine Mindestinvestitionen;
- uneingeschränkte Verfügbarkeit;
- Wahlmöglichkeit zwischen Ausschüttung oder Wiederanlage der Erträge.

(Auszug aus dem Prospekt von Fidelity Money Funds)

Große Worte, doch wenn die Fondsmanager gut arbeiten, sind dies nicht nur leere Worthülsen.

Fast alle Geldmarktfonds, die auf DM-Basis abrechnen, behalten die Erträge ein und legen sie wieder an. Die Zinsen kommen dem Anleger damit in Form kontinuierlich steigender Kurse zugute. Das ist vorteilhaft für die Steuererklärung. Während laufende Zinszahlungen – soweit sie die Freibeträge übersteigen – der Einkommensteuer unterliegen, lässt das Finanzamt die Kursgewinne ungeschoren. Dabei gelten allerdings noch zwei Voraussetzungen:

- Der Fondsanteil muss mindestens ein halbes Jahr im Besitz des Anlegers sein, sonst muss Spekulationssteuer bezahlt werden.
- Der Fondsanteil muss spätestens vor Ablauf des Geschäftsjahres verkauft werden. Nach Ablauf werden die vom Fonds vereinnahmten Zinsen erklärt, auf die dann Einkommensteuer bezahlt werden muss.

Etwas Geschick ist erforderlich, aber mit Geldmarktfonds ist eine Umschiffung der Steuerhürde ganz legal möglich.

Rund um Aktien

Im folgenden Kapitel wenden wir uns risikobewusst dem Thema „Aktien" zu. Das Aktiengeschäft erfordert viel Wissen – und bleibt dennoch riskant. Die Risiken, die Möglichkeiten, sie zu erkennen, und die Ansätze einer Anlagestrategie beschreiben wir auf den nächsten Seiten.

Wir gliedern dieses Kapitel in die drei Bereiche:

- Aktien,
- Optionsscheine und
- Aktienfonds.

Wohl alle, die schon einmal Geld in Aktien angelegt haben, werden von Verlusten berichten können. Hier soll das notwendige Basiswissen vermittelt werden, um Verluste einzugrenzen und schöne Gewinne zu erzielen.

Anlageart: Aktien

Was ist das?

Das Kapital einer Aktiengesellschaft nennt man Grundkapital. In der Bundesrepublik Deutschland ist dieses Grundkapital in kleine Teile von je 50 DM (oder 5 DM) aufgeteilt, die man als Aktien bezeichnet. Der Betrag ist auf eine Aktienurkunde aufgedruckt. Der Inhaber dieser Urkunde ist damit auch (Teil-)Eigentümer des Unternehmens. Der Eigentümer besitzt jedoch nicht nur einen Anteil am Aktienkapital oder Grundkapital, sondern auch einen Anteil am Vermögen. Das Vermögen wird durch den Kurswert der Aktie ausgedrückt.

Zunächst einige Definitionen:
Was sind Stamm- und Vorzugs-aktien?

Die Stammaktien sind „normal". Mit der Stammaktie erwirbt man das Recht auf Dividendenzahlung (also Anteil am Gewinn der Aktie), das Bezugsrecht bei Kapitalerhöhungen, das Recht auf Stimmabgabe bei der Hauptversammlung.

Die Vorzugsaktie schließt in den meisten Fällen das Stimmrecht aus, dafür wird häufig eine Mindestdividende geboten. Es gibt nicht bei allen Gesellschaften Vorzugsaktien. An der Börse werden Vorzugsaktien zu einem sichtbar niedrigeren Kurs gehandelt.

Was sind Inhaber- und Namens-aktien?

Der Normalfall ist die Inhaberaktie. Inhaberaktien können ohne große Formalitäten den Besitzer wechseln. Die Aktiengesellschaft weiß nicht, wer der Eigentümer ist. Wer immer die Aktie präsentiert, hat die damit verbundenen Rechte.

Die Namensaktien sind auf den Namen des Inhabers ausgestellt und im Aktienbuch der Gesellschaft eingetragen. Der Eigentums- und Besitzwechsel ist sehr umständlich.

Was sind junge Aktien?

Wenn das Aktienkapital einer AG nicht ausreicht, kann die Hauptversammlung eine Kapitalerhöhung beschließen. Die Aktionäre zahlen Kapital ein und erhalten dafür junge Aktien. Sie bekommen diese meistens zu Sonderkonditionen.

Was sind Nennwert und Kurswert einer Aktie?

Das Grundkapital der meisten Aktiengesellschaften ist in eine Stückelung von 50 DM unterteilt. (Mittlerweile gibt es auch Aktien mit einer Stückelung von 5 DM, z. B. Dresdner Bank.) Dies ist gleichzeitig der Nennwert einer Aktie. Der Kurswert der Aktie ist der an der Börse notierte Verkaufskurs. Zwischen Nennwert und Kurswert können größere Unterschiede bestehen.

Es gibt einige Mischformen der Aktienanlage:

Eine Mischform zwischen Anleihen und Aktien sind die Wandel- und Optionsanleihen. Bei den Wandelanleihen wird die Anleihe in Aktien umgewandelt. Damit hört die Anleihe auf zu existieren. Die Optionsanleihe besteht aus zwei Teilen, nämlich der Option und der Anleihe. Während die Anleihe weiter bestehen bleibt, kann die Option für einen Kauf von Aktien verwendet werden.

(siehe „Wandelanleihen", siehe „Optionsanleihen")

Eine Sonderform stellen die Optionen dar:

Der Handel von Optionen ist ein Teilmarkt des Aktienmarktes. Optionen sind keine Wertpapiere, sondern abstrakte Rechte. Mit der Option erwirbt man das Recht, innerhalb einer festgesetzten Zeit zu einem festgelegten Preis eine bestimmte Anzahl von Aktien kaufen oder verkaufen zu können.

(siehe „Optionen")

Eine Sonderform stellen die Investmentzertifikate dar:

Mit dem Erwerb von Investmentzertifikaten erwirbt man Anteile am Vermögen eines Fonds, der breit gestreut in Aktien unterschiedlicher Branchen (auch Länder) angelegt ist. Damit vermindert man sein direktes Risiko.
(siehe „Aktienfonds")

▶ Der Aktienanleger kennt zwei Ziele: Kapitalzuwachs und Kapitalertrag.

Setzt man insbesondere auf Kapitalzuwachs, dann sollte man Aktien kaufen, die in relativ kurzer Zeit stark im Kurs steigen. Sobald die Prognose nicht aufgeht, muss man die Aktie schnell wieder verkaufen, um die Verringerung des Kapitals in engen Grenzen zu halten. Die Strategie heißt also: „Möglichst billig einkaufen, möglichst teuer verkaufen." Ein Kapitalzuwachs, der innerhalb einer Halbjahresfrist realisiert wird (Kauf und Verkauf haben in dieser Frist stattgefunden), nennt man Spekulation. Man spricht bei einem entsprechenden Gewinn von Spekulationsgewinn. Dies hat Auswirkungen auf die Steuerpflicht.

Setzt man auf Kapitalertrag, so wird man Aktien kaufen, die eine relativ gute Dividende versprechen. Der Kurs der Aktie tritt dabei in den Hintergrund. Viele professionelle Anleger verfahren mit dieser Strategie durchaus erfolgreich. Sie setzen ihr Aktiendepot aus erstklassigen Aktienwerten zusammen (Unternehmen, deren Aktien im DAX – Deutscher Aktienindex – vertreten sind) und halten diese Aktien langfristig. Eine derartige Anlagestrategie nennt man „buy and hold", also kaufen und halten. Zum Kapitalertrag gehören darüber hinaus auch Bezugsrechte und Gratisaktien.

Für den langfristigen Anleger kann die Dividendenrendite von Interesse sein. Eine Rendite von 4,17 % ist nicht gerade berauschend. Die meisten Aktien liegen noch unter diesem

Ermittlung der Dividendenrendite

Die Dividendenrendite errechnet sich folgendermaßen:

$$\text{Dividendenrendite} = \frac{\text{Dividende x 100}}{\text{Kurs}}$$

Beispiel:
Kurswert: 240 DM
Dividende: 10 %

$$\text{Dividendenrendite} = \frac{10 \text{ x } 100}{240} = 4{,}17\,\%$$

Wert. Schaut man nur auf die Rendite, ist man mit Anleihen bei weitem besser bedient. Dies bedeutet ganz eindeutig: Der Aktienanleger spekuliert zu einem Teil auf steigende Kurse.

Wichtig zur Beurteilung einer Aktie ist das so genannte Kurs-Gewinn-Verhältnis (KGV). Das Ergebnis je Aktie wird dabei in Beziehung zum aktuellen Kurs gebracht. Das Ergebnis je Aktie ist nicht die Dividende, sondern ergibt sich aus dem Verhältnis von geschätzter Ertragskraft des Unternehmens zur Anzahl der ausgegebenen Aktien. Ein Unternehmen mit einem geschätzten Jahresgewinn von einer halben Million DM und 25.000 ausgegebenen Aktien würde dann ein Ergebnis von 20 DM je Aktie auszeichnen können.

Ermittlung des Kurs-Gewinn-Verhältnisses

Das Kurs-Gewinn-Verhältnis wird wie folgt berechnet:

KGV = Kurs : Ergebnis je Aktie

Beispiel:
Kurs: 240 DM
Ergebnis je Aktie: 20 DM

KGV = 240 DM : 20 DM = 12

Ein KGV von 12 entspricht etwa dem Durchschnittswert deutscher Aktien und wird als der Wert betrachtet, den ein Anleger für eine Mark Gewinn anlegen muss. Als Faustregel gilt: Je niedriger das Kurs-Gewinn-Verhältnis, desto billiger die Aktie.

Was sind Bezugsrechte?

Bei einer Kapitalerhöhung durch die Ausgabe neuer Aktien muss die Aktiengesellschaft den Inhabern der alten Aktien ein Bezugsrecht einräumen. Für dieses Recht können die alten Aktionäre an der Kapitalerhöhung partizipieren und erhalten Aktien, noch ehe diese auf der Börse eingeführt sind. Ein Bezugsrecht könnte zum Beispiel auf 3:1 lauten, der Preis wird mit 100 DM angegeben. In diesem Fall benötigt man für den Bezug einer neuen Aktie drei alte Aktien und muss 100 DM zuzahlen. Hat man nun zehn Aktien, würde das Bezugsrecht von einer Aktie nicht genutzt werden können. Bei einem Bezugsverhältnis von 3:1 kann man nur neun oder dann zwölf Bezugsrechte nutzen. Die überzähligen Bezugsrechte werden an der Börse gehandelt, können also verkauft oder gekauft werden.

Ermittlung des Bezugsrechts

Wert des Bezugsrechts =

$$\frac{\text{Kurs alte Aktie} - \text{Kurs neue Aktie}}{1 + \text{Bezugsverhältnis}}$$

Kurs der alten Aktie: 130 DM
Kurs der neuen Aktie: 100 DM
Bezugsverhältnis: 1:3

Wert des Bezugsrechts =

$$\frac{130\,\text{DM} - 100\,\text{DM}}{1 + (3:1)} = \frac{30\,\text{DM}}{1 + 3} = 7,50\,\text{DM}$$

Das Bezugsrecht in unserem Beispiel kann man an der Börse für 7,50 DM verkaufen oder erwerben.

Was sind Gratisaktien?

Gratisaktien sind neue (kostenlose) Aktien. Damit erhöht sich der Anteil des Aktienbesitzers am Grundkapital des Unternehmens. Gratisaktien werden immer dann herausgegeben, wenn (aufgrund einer guten Gewinnentwicklung) die Rücklagen so angeschwollen sind, dass sie in einem Missverhältnis zum Grundkapital (oder Aktienkapital) stehen. Durch die Ausgabe der Gratisaktien werden die Rücklagen vermindert, das Aktienkapital erhöht. Für den Aktionär bedeutet dies, dass er mehr Aktien erhält (sich also der Nennwert vergrößert), dass aber dafür der Kurswert je Aktie sinkt. In der Summe des Kurswertes dürfte sich nicht viel geändert haben, denn durch die Ausgabe von Gratisaktien hat sich das Vermögen der Gesellschaft natürlich nicht verändert.

So funktioniert's:

Kauf und Verkauf von Aktien erfolgen an der Börse. Es gibt in der Bundesrepublik acht Wertpapierbörsen: Frankfurt, Düsseldorf, Hamburg, München, Berlin, Bremen, Hannover und Stuttgart. Der bedeutendste Börsenplatz in Deutschland ist Frankfurt/Main.

Auf der Börse kann der Anleger nicht persönlich kaufen und verkaufen, sondern er schaltet eine Bank ein. Die Bank leitet die Order an einen Händler weiter, der daraufhin an der Börse den Kauf oder Verkauf übernimmt.

Die Order oder der Börsenauftrag enthält:

- Stückzahl oder Nominalwert;
- Bezeichnung des Papiers;
- eventuelles Kurslimit;
- Gültigkeitsdauer der Order;
- Ausführungsplatz, falls eine bestimmte Börse gewünscht wird;
- Konto- und Depotnummer des Anlegers.

Es gibt in Deutschland rund 450 börsennotierte Werte. Diese sind jedoch nicht alle sehr bekannt. Nur 20% zählen zu den so genannten Standardwerten, die restlichen 80% bezeichnet man als Spezialwerte. Die Spezialwerte werden nicht jeden Tag gehandelt (das heißt, es besteht nicht jeden Tag ein Ausgleich von Angebot und Nachfrage). Schon geringe Bewegungen können in diesem Fall große Kursveränderungen bewirken. Dies geht meist zu Lasten der Kleinanleger, die solche Vorgänge nicht schnell genug erfassen können. Kleinanleger sollten sich daher hauptsächlich mit Standardwerten beschäftigen.

Die wichtigsten Aktien sind im DAX (Deutscher Aktienindex) vertreten. Diese Werte werden nicht nur täglich gehandelt, sondern repräsentieren auch die wichtigsten deutschen Unternehmen, die an der Börse vertreten sind.

Aktien sind Urkunden, die man mit nach Hause nehmen kann. Es ist jedoch nicht üblich, dass man seine Aktienurkunden zu Hause aufbewahrt. Die Urkunden werden auch nicht mehr in einem Tresor aufgehoben, sondern von den Banken in einem Wertpapierdepot verwaltet. Selbst zwischen Banken werden keine einzelnen Urkunden bewegt. Der Kunde erhält von der Bank lediglich eine Benachrichtigung über Zugänge oder Abgänge auf seinem Depot. Mit der Jahresabrechnung gewinnt er dann einen Überblick über das Aktiendepot. Normalerweise werden die Aktien im Girosammeldepot zusammengetragen und verwahrt.

Die Kosten sind von Bank zu Bank sehr unterschiedlich, ebenso die Berechnungsweisen. Es gibt Banken, die die prozentualen Dcpotgebühren auf den Nennwert, andere, die sie auf den Kurswert beziehen. Das kann einen größeren Unterschied ausmachen. Die Prozentsätze schwanken zwischen 0,5 und 1,5‰.

Angebot und Nachfrage legen den Kurs der Aktie täglich fest. Um einen Verkauf oder Kauf zu veranlassen, gibt man seiner Bank den Auftrag.

Für diesen Auftrag gibt es zwei Möglichkeiten:

■ Man gibt den Auftrag ohne Limit. Das bedeutet bei einem Kaufauftrag „billigst", bei einem Verkaufsauftrag „bestens". Der Auftrag wird dann zu dem Kurs durchgeführt, den Angebot und Nachfrage an der Börse gebildet haben.

■ Man gibt den Auftrag mit Limit. Das bedeutet bei einem Kaufauftrag, dass erst ab dem Limitkurs (und darunter) gekauft wird (bleibt der Kurs darüber, findet kein Abschluss statt), bei einem Verkaufsauftrag, dass erst ab dem Limitkurs (und darüber) verkauft wird (bleibt der Kurs darunter, findet kein Abschluss statt). Man geht stillschweigend davon aus, dass jeder Limitauftrag bis Ultimo gültig ist. Will man den Limitauftrag darüber hinaus verlängern, muss man ihn gegenüber der Bank erneuern. Jeder Limitauftrag kostet Gebühren (6 DM).

Welche Aktien soll man nun kaufen und welche verkaufen?
Wie kann man am Börsenkuchen partizipieren?

Es gibt eigentlich nur drei verschiedene Möglichkeiten, am Aktiengeschäft teilzunehmen:

1. Möglichkeit: Man wendet sich an den Wertpapierberater seiner Hausbank und setzt dessen Ratschläge um.

2. Möglichkeit: Man kauft Aktien und hält diese über einen längeren Zeitraum. Die „buy and hold"-Strategie wird auch von Profis angewandt. Man kann sich ihr durchaus anschließen. Eine Vorhersage über die Rendite lässt sich in diesem Fall natürlich nicht machen. Nimmt man Aktien von Unternehmen, die im DAX (Deutscher Aktienindex) enthalten sind, hat man das Risiko zumindest etwas eingeschränkt.

3. Möglichkeit: Man beschäftigt sich selbst intensiv mit der Materie und kommt dann auch zu eigenständigen Entschlüssen. Vor der Entscheidung steht in diesem Fall jedoch die gründliche Analyse.

Im DAX (Deutscher Aktienindex) sind folgende 30 Werte enthalten:
Adidas-Salomon

Allianz	Linde
BASF	Lufthansa
Bayer	MAN
Bay. Hypo-	Mannesmann
Vereinsbank	Metro
BMW	Münchner Rück.
Commerzbank	Preussag
Daimler	RWE
Degussa	SAP
Deutsche Bank	Schering
Dresdner Bank	Siemens
Dt. Telekom	Thyssen
Henkel	Veba
Hoechst	Viag
Karstadt	Volkswagen

Die Aktienanalyse

HINWEIS Es kann hier nicht auf alle Aspekte einer Aktienanalyse eingegangen werden. Dennoch sollen die einzelnen Schritte im Folgenden beschrieben werden, um eine Vorstellung über die Aktienanalyse zu vermitteln.
Die Aktienanalyse besteht aus drei Schritten:
- gesamtwirtschaftliche Analyse,
- Branchenanalyse,
- Einzelwertanalyse.

Die gesamtwirtschaftliche Analyse: Sie versucht die Entwicklung der Konjunktur zu erfassen, mit anderen Worten, eine Prognose der Konjunktur abzugeben.

Einige Überlegungen dieser Analyse sind:

- Wie verändert sich die Deutsche Mark gegenüber den wichtigsten Währungen?
- Wie verändert sich die Lage der Exportwirtschaft?
- Wie verändern sich die Einstandspreise für Grundstoffe, zum Beispiel für Erdöl?
- Wie werden sich die Tarifabschlüsse bewegen?
- Wie verändert sich die Lage auf dem Arbeitsmarkt?
- Mit welcher Entwicklung der Geldmarktzinsen ist zu rechnen?

Die Schwierigkeiten dieser Analyse liegen in der Vielfalt und in der Komplexität der beeinflussenden Faktoren sowie in der qualitativen Bewertung, darüber hinaus bei der Informationsbeschaffung.

Wie informiert man sich?
- Veröffentlichungen der Deutschen Bundesbank: Monatsberichte, Statistische Beihefte;
- Veröffentlichungen des Deutschen Instituts für Wirtschaftsforschung;
- OECD-Publikationen über die Entwicklung der Weltwirtschaft.

Die Branchenanalyse: Die gesamtwirtschaftliche Analyse sagt bereits aus, für welche Branchen die besten wirtschaftlichen Aussichten bestehen. Um diese Branchen sollte man sich nunmehr intensiv bemühen.
Es geht in der Branchenanalyse darum, Eigenheiten einer Branche herauszuarbeiten, ihre Entwicklung für sich und im Vergleich zu anderen Branchen zu prognostizieren.

Wie informiert man sich?
- Veröffentlichungen der Deutschen Bundesbank über die einzelnen Branchen;
- Veröffentlichungen der Branchenverbände.

Die Einzelwertanalyse: Hat man sich für eine Branche entschieden, muss man anschließend innerhalb dieser Branche einzelne Firmen analysieren. Die Einzelwertanalyse unterteilt sich in
- Fundamentalanalyse und
- technische Analyse.

Die **Fundamentalanalyse** konzentriert ihre Aufmerksamkeit auf den „inneren Wert" des Unternehmens. Sie untersucht die Bilanz und die Ertragslage, den Auftragsbestand, die Liquidität und die Finanzkraft. Sie untersucht ebenfalls die Qualitäten des Managements, die Marktstellung, das Produktsortiment und analysiert alle weiteren Schlüsseldaten, die den Börsenkurs beeinflussen können.
Die **technische Analyse** ist moderner. Sie macht den Kursverlauf mit grafischen Darstellungen sichtbar. Mathematische Trends werden errechnet und eingezeichnet. Am Verlauf der Trends erkennen die Analysten Besonderheiten hinsichtlich der Wertentwicklung einer Aktie.

Wie informiert man sich?
- Geschäftsberichte,
- Besuch der Hauptversammlung.

Das kostet's:
Natürlich wollen die Banken am Aktiengeschäft mitverdienen. Der Anleger muss sich auf folgende Kosten einstellen:
Provision: 1% vom Kurswert;
Maklergebühr (Courtage): 1‰ vom Kurswert (Mindestgebühr);
Limitgebühr: 5 DM;
Depotgebühren: 0,5 bis 1,5‰ vom Nennwert (bei Verwahrung im Sammeldepot).
Diese Kosten können von Bank zu Bank unterschiedlich sein. Ein Vergleich lohnt sich.

Und die Steuer?
Die Dividendeneinkünfte unterliegen der Einkommensteuer. Ist kein Freistellungsauftrag gestellt worden, wird eine 25%ige Kapitalertragssteuer einbehalten. Die Kursgewinne unterliegen nicht der Steuer, sofern sie keine Spekulationsgewinne sind (Halbjahresfrist). Kursverluste können in der Steuererklärung nicht berücksichtigt werden.

HINWEIS Anleger mit hohem Grenzsteuersatz können an folgendes Steuersparmodell denken: Die Dividende wird am Tag nach der Hauptversammlung vom Kurs abgesetzt. Dann steigt der Kurs wieder kontinuierlich um den entsprechenden Stückzinsanteil an – vorausgesetzt, das Zinsniveau am Kapitalmarkt ändert sich nicht. Im Verlauf des Jahres ist die gesamte Ausschüttung wieder im Kurs enthalten. Wer nach der Absetzung kauft und vor der nächsten Hauptversammlung verkauft, realisiert auf diese Weise steuerfreie Kursgewinne.

Die Spekulationssteuer kommt nicht zum Tragen, wenn man die Aktien über einen längeren Zeitraum als sechs Monate besitzt.

Und der Euro?

Die Umstellung der Aktien an den Börsen der EWU-Teilnehmerländer ist einheitlich zum 4.1.1999 erfolgt. Die Umbenennung des Nennwertes der einzelnen Firmen findet natürlich zu unterschiedlichen Zeiten statt. Eine Aktiengesellschaft kann ihr Grundkapital vom 1.1.1999 bis 31.12.2001 auf Euro umstellen. Den Zeitpunkt bestimmt die Hauptversammlung

versammlungen besucht, allerdings nicht möglich.

Das Wertänderungsrisiko bei einem Aktienerwerb ist hoch.

▪ *Rentabilität*

Erwirbt man Aktien nur, um Dividenden zu kassieren, sollte man die Finger davonlassen. Das ist eine schlechte Rendite.

Ist man bereit zu spekulieren, kann man einen Teil seines Kapitals investieren.

Bewertung im Überblick

Liquidität	▭▭▭▭▭▭▭▭▭▭
Sicherheit	▭▭▭▭▭▭▭▭▭▭
Rentabilität	▭▭▭▭▭▭▭▭▭▭

AUF DEM PRÜFSTAND

Gemessen an den Kriterien der Anlagestrategie:

▪ *Liquidität*

Aktien können an der Börse jederzeit verkauft werden. Kursverluste muss man im Einzelfall dabei hinnehmen. Will man Aktien nicht gleich verkaufen, kann man sie beleihen.

▪ *Sicherheit*

Als Aktienbesitzer ist man Eigentümer, das heißt, rein theoretisch ist man selbst für die Sicherheit seiner Anlage verantwortlich. Man muss sich von der Qualität des Managements und von der Wettbewerbsfähigkeit des Produktionsprogramms überzeugen. Dies ist in der Praxis, selbst wenn man fleißig die Haupt-

Empfehlung für die Anlagestrategie:

Im Gegensatz zu einer Anleihe ist man bei Aktien vollständig am Erfolg des Unternehmens beteiligt. Eine Verdopplung des eingesetzten Kapitals ist dabei durchaus möglich. Umgekehrt kann man jedoch mit Aktien an der Börse auch sehr viel Geld verlieren.

Es ist nicht verkehrt, einige Standardwerte in das Anlagekonzept aufzunehmen.

HINWEIS Will man den Risiken des Aktienmarktes (teilweise) entgehen, setzt man auf breite Streuung und auf professionelle Hilfe. Man engagiert sich in einem Aktienfonds. Für den eher vorsichtigen Anleger ist diese Alternative durchaus zu empfehlen.

▷ Eine Anlage in Aktien ist dann sinnvoll, wenn man bereit ist sich mit der Materie ausreichend zu beschäftigen. Greenhorns sollten die Hände davonlassen.

TIPP
Kaufen Sie keine Aktien aufgrund der Beratung *eines* Finanzberaters. Versuchen Sie die Empfehlungen durch Quervergleiche zu testen. Der beste Berater kann kein Hellseher sein.
Wem der deutsche Aktienmarkt zu langweilig geworden ist, kann sich auch mit anderen nationalen Aktienmärkten beschäftigen. Amerikanische Aktien haben eine lange Tradition. Man sollte jedoch berücksichtigen, dass die Analyse des ausländischen Aktiengeschehens noch wesentlich problematischer ist als diejenige des deutschen Marktes.

Einer Aktie vergleichbar – wenngleich wesentlich „direkter" – ist die **atypische, stille Beteiligung** an einem Unternehmen. Der Anleger beteiligt sich an einer Aktiengesellschaft. Im Unterschied zum Aktienbesitz sollte er zwei Vorteile, aber auch einen Nachteil bedenken.

Die Vorteile:
▪ Im Jahr der Einzahlung der Beteiligungssumme mindert diese das zu versteuernde Einkommen.
▪ Die Anlage unterliegt keinen Kursschwankungen.

Der Nachteil:
▪ Der Anleger trägt das volle unternehmerische Risiko.

Es ist wichtig, ein seriöses Unternehmen zu finden, um sich an diesem zu beteiligen. Dann kann man mit einer Anlage eine hohe Rendite erzielen.

Wo gibt's weitere Informationen?
Rat ist wichtig. Manche Börsengurus verdienen sich damit ihren Lebensunterhalt. Sie geben Börsenbriefe heraus.

Börseninformationsblätter
CC-Brief:
Ender & Partner
Vermögensverwaltung
Theodor-Heuss-Ring 28
50668 Köln
30 Ausgaben jährlich

CzStefansky intern:
Kronberger VerlagsmbH
Eschersheimer Landstr. 9
60322 Frankfurt
Erscheint zweimal wöchentlich

Der Platow Brief:
Der Platow Brief
Postfach 102342
60323 Frankfurt
Erscheint dreimal wöchentlich

Frankfurter Börsenbriefe:
Curt L. Schmitt GmbH
Postfach 2653
32716 Detmold
Erscheint jeweils montags

Geldbrief:
Informationsbriefe Auditor AG
Postfach 1618
FL-9490 Vaduz
Erscheint zweimal monatlich

Gerlach-Report:
DFI Deutsches Finanzleistungs-
Informationszentrum GmbH
Karl-Hermann-Flach-Str. 15b
61440 Oberursel
Erscheint wöchentlich

Swingtrend:
Gamma Verlag GmbH
Schraudolphstr. 2a
80799 München
Erscheint wöchentlich

Wo erhält man die in der Analyse beschriebenen Charts?
Der Hoppenstedt Verlag veröffentlicht in regelmäßigen Abständen
Charts von den wichtigsten Standardwerten. Zu beziehen sind diese bei:
Hoppenstedt Verlag, Havelstr. 9,
64295 Darmstadt

*Auch Kleinanleger können nach Her-
zenslust spekulieren und natürlich
auch kräftig verlieren.*

Anlageart: Options-geschäfte (Warrants)

Was ist das?
Gute Frage. Die meisten Kleinanleger
können sich unter einer Aktienoption
nicht viel vorstellen.
Zunächst einmal: Die Optionsscheine stehen zwar mit den Optionsanleihen in einer gewissen tech-
nischen Verbindung, sie folgen aber
ganz eigenen Gesetzen. Der Optionsschein lässt sich von der Anleihe lösen. Er wird von der Anleihe getrennt gehandelt. Sein Preis be-

stimmt sich ausschließlich durch das
Recht, das damit gekoppelt ist. Die
meisten Optionsscheine verkörpern
ein Umtauschrecht in Aktien. Darüber
hinaus gibt es aber auch Optionsscheine, die zum Kauf von Devisen
oder Gold berechtigen.
Definition: Das Optionsgeschäft ist
ein börsenmäßig betriebenes Wert-
papier-Termingeschäft. Wie bei allen
Termingeschäften werden Vereinba-
rungen getroffen, deren tatsächliche
Abwicklung erst zu einem späteren
Zeitpunkt erfolgen soll.

BEISPIEL Der Spekulant S schließt
mit dem Aktienbesitzer A am
1.1.1999 eine Vereinbarung, dass er
vom 1.1.2002 bis zum 1.1.2003 fünf
Aktien eines bestimmten Unternehmens für 200 € kaufen kann. Dafür
zahlt S an A 100 €. Steht im Jahr
2002 der Kurs der Aktie bei 300 €,
übt S die Option aus. Er verdient die
Differenz zwischen dem Optionspreis und dem Kurs von 100 €, also
insgesamt 500 €. Den Optionspreis
von 100 € muss er natürlich noch
abziehen. Also hat er letztlich insgesamt 400 € verdient.
Fällt der Kurs jedoch auf 150 €, verzichtet A auf die Ausübung der Option. Er muss den Optionspreis von
100 € als Verlust verbuchen.

Die Option bestimmt also das Recht
des Käufers und die Verpflichtung
des Verkäufers,
- eine bestimmte Anzahl
- ganz bestimmter Aktien
- innerhalb einer gewissen Frist
- zu einem vereinbarten Preis

fordern zu können (der Käufer), aber nicht zu müssen, bzw. liefern zu müssen (der Verkäufer).

Für dieses Recht wird dem Käufer ein Optionspreis oder eine Optionsprämie in Rechnung gestellt.

Die Optionsgeschäfte können unterschiedlich gestaltet sein:

- Der Käufer einer Kaufoption erhält das Recht, innerhalb einer bestimmten Frist Aktien zu einem bestimmten Preis erwerben zu können. Er setzt damit auf die Erwartung von steigenden Kursen.
- Der Verkäufer einer Kaufoption verpflichtet sich innerhalb einer bestimmten Frist Aktien zu einem bestimmten Preis zu liefern. Er geht davon aus, dass die Kurse weitgehend gleich bleiben.
- Der Käufer einer Verkaufsoption erhält das Recht, innerhalb einer gewissen Frist seinem Geschäftspartner Aktien zu einem bestimmten Preis verkaufen zu können. Dieser muss die Aktien zu diesem Preis annehmen. Der Käufer der Verkaufsoption setzt darauf, dass die Aktienkurse fallen. Das heißt, mit einem Optionsgeschäft kann man auch an fallenden Kursen Geld verdienen.
- Der Verkäufer einer Verkaufsoption verpflichtet sich innerhalb einer bestimmten Frist Aktien zu einem vereinbarten Preis anzunehmen. Er geht in diesem Falle davon aus, dass die Kurse weitgehend gleich bleiben.

Das Optionsgeschäft besteht immer aus zwei Teilen:

- aus dem Kauf oder Verkauf einer Option gegen Zahlung und
- aus der Ausübung der Option.

Die einfachen Anleger kaufen Aktien oder Anleihen, Profis kaufen Optionsscheine, denn dies sind die „schnellsten" Wertpapiere überhaupt. Und der größte verführerische Vorteil für den Interessenten: Manche Optionsscheine erhält man bereits für wenige Mark. Optionsscheine sind typische Haussepapiere: Steigen die Aktien, können die Anleger – dank des Hebeleffekts – über die Kurssteigerung der Standardwerte hinweg noch zulegen.

WICHTIG Die sichersten Chancen bieten Optionsscheine zu Beginn einer Hausse. Wenn sich am Ende eines Kaufaufschwungs viele Spekulanten eindecken, steigt das Risiko.

So funktioniert's:
Kauf und Verkauf von Optionen erfolgt generell über die Börse. Nicht zu jeder Aktie gibt es auch Optionen. Der Optionsmarkt ist nur solchen Aktiengesellschaften vorbehalten, die ein Grundkapital von mindestens 10 Millionen DM besitzen und die gewisse Publizitätsvorschriften einhalten. Die Aktien dieser Gesellschaften müssen in größeren Mengen regelmäßig an der Börse gehandelt werden. Damit ist eindeutig festgelegt: Der Optionshandel ist nur bei bedeutenden Standardwerten möglich.

Auf folgende Aktienwerte werden Optionen gehandelt:

Allianz   Hoechst
BASF   Mannesmann
Bayer   RWE
BMW   Siemens
Commerzbank   Thyssen
Daimler-Benz   VEBA
Deutsche Bank   VW
Dresdner Bank

Der **Optionshandel** erfolgt über die Börse, das heißt, die Einschaltung einer Bank und eines Börsenmaklers ist für die Wahrnehmung des Geschäftes notwendig.

Eine Option kann immer nur über mindestens 50 Aktien oder ein ganzzahliges Vielfaches davon abgeschlossen werden. Man will damit gewährleisten, dass sich auf dem relativ kleinen Markt der Optionen Nachfrage und Angebot treffen, also ein Geschäft zustande kommt.

Vereinbart werden muss bei einer Option:

- der Basispreis,
- die Laufzeit und
- die Optionsprämie.

Der **Basispreis** ist der Kurswert, zu dem die Abwicklung des Optionsgeschäftes vorgenommen wird. Der Basispreis kann grundsätzlich frei vereinbart werden, man hat im täglichen Bankgeschäft jedoch gewisse Standards eingeführt, um die Abwicklung zu vereinfachen.

Die **Laufzeit** ist die Zeitspanne, innerhalb der eine Option wahrgenommen werden kann. Auch sie ist im Prinzip frei vereinbar; zur Vereinfachung hat man allerdings gewisse Standards eingeführt.

Die **Optionsprämie** ergibt sich aus Angebot und Nachfrage. Da die Option an der Börse gehandelt wird, bestimmt letztendlich der Börsenkurs die Optionsprämie.

Die Preisbildung bei Optionen wird durch folgende Faktoren beeinflusst:

- Art der Option (Kauf- oder Verkaufsoption),
- Basispreis,
- Laufzeit der Option,
- Kursentwicklung der dem Optionsgeschäft zu Grunde liegenden Aktie,
- Angebots- und Nachfragesituation auf dem Optionsmarkt.

Allgemein kann man folgende Aussagen treffen:

- Je günstiger die Bedingungen für den Käufer einer Option, desto höher der zu zahlende Optionspreis.
- Je günstiger die Bedingungen für den Stillhalter, desto niedriger der Optionspreis.

Einige Begriffe:

Basisobjekt: Der Optionsschein bezieht sich immer auf ein Basisobjekt. Dies kann eine Aktie oder ein Aktienindex sein, es können aber auch Bundesobligationen oder Devisen sein.

Basispreis: Der Basispreis drückt den Grundpreis eines Optionsscheines aus, zu dem das Basisobjekt, zum Beispiel eine Aktie, bezogen werden kann. So gibt es zum Beispiel einen

Optionsschein, der auf 150 DM lautet. Für diesen Betrag kann man die Aktie A mit aktuellem Börsenwert von 158 DM erwerben. Der Optionsschein berechtigt den Anleger für den Basispreis (150 DM) die gewünschte Aktie zu erwerben, unabhängig davon, wie teuer diese auch wird.

Optionspreis: Das ist der Preis des Optionsscheins. Man nennt den Optionspreis den „inneren Wert". Er bestimmt sich aus der Faustformel: tatsächlicher Aktienkurs minus Basispreis. In unserem Beispiel wären dies 8 DM. Diesen Betrag müsste man beim Kauf einer Option bezahlen – wäre da nicht noch der Zeitwert.

Zeitwert: Das simple Einmaleins geht meistens nicht auf. Es geht besonders nicht am Optionsmarkt auf. In den Preis des Optionsscheins geht die Einschätzung des Spekulanten und die Laufzeit des Optionsrechtes ein. Im Zeitwert spiegelt sich die Einschätzung der Anleger wider, welchen Wertzuwachs sie der Aktie zutrauen.

In unserem Beispiel beträgt der Zeitwert vielleicht 2 DM. Das heißt, der Käufer des Optionsscheins für die Aktie A bezahlt 10 DM (Optionspreis und Zeitwert). Die spannende Frage ist nun, ob die Aktie A – wie erwartet – steigt. Erreicht sie nach einem Jahr 170 DM, kann der Anleger einen Gewinn von 10 DM realisieren. Das entspricht auf seinen Einsatz von 10 DM 100%. Die Aktie selbst ist im Kurswert nur um 7,6% gestiegen. Den überproportionalen Gewinn im Gegensatz zur Kursentwicklung der Aktie bezeichnet man als „Hebelwirkung der Option".

Das kostet's:
Ein großer Nachteil bei Optionen sind die recht hohen Kosten. Sie sind von Bank zu Bank unterschiedlich (daher möglichst genaue Preisvergleiche vornehmen).
Von folgenden Werten kann man ausgehen:
Optionspreis bis DM 20:
Kosten DM 0,60;
Optionspreis bis DM 30:
Kosten DM 0,80;
Optionspreis über DM 30:
Kosten DM 1,00.
Wird die Option ausgeübt, fallen die beim Aktiengeschäft üblichen Spesen an.

Und die Steuer?
Unterschiedlich ist die Handhabung der steuerlichen Verpflichtung; sie hängt davon ab, ob man Käufer oder Verkäufer der Kaufoption ist. Der Verkäufer einer Verkaufsoption ist fast immer steuerpflichtig. Die Steuerpflicht des Käufers ist abhängig vom Kauf und Verkauf der Aktien, nicht des Optionsrechtes.

HINWEIS Will man intensiver in das Optionsgeschäft einsteigen, muss man die steuerlichen Konsequenzen genau untersuchen.

Und der Euro?
Die Umstellung der Optionsscheine an den Börsen der EWU-Teilnehmerländer ist einheitlich zum 4.1.1999 erfolgt.

AUF DEM PRÜFSTAND

Gemessen an den Kriterien der Anlagestrategie:

▪ *Liquidität*
Mit einem relativ geringen Geldeinsatz kann man relativ hohe Gewinne realisieren. Die Liquidität des Anlagekapitals spielt dabei keine Rolle.

▪ *Sicherheit*
Bei einem Optionsgeschäft muss man auf das eingesetzte Kapital auch verzichten können. Eine Sicherheit ist nicht gegeben.

▪ *Rentabilität*
Optionen gehören eindeutig in den Bereich der Spekulation. Es ist möglich, mit einem relativ geringen Geldeinsatz auf steigende oder fallende Aktienkurse zu setzen. Man nutzt dabei einen beträchtlichen Hebeleffekt aus. Ein bestimmter Betrag, in Aktienoptionen investiert, erbringt ein Vielfaches an Ergebnis, verglichen mit einer Direktanlage in den betroffenen Aktien. Entwickeln sich die Kurse jedoch nicht wie geplant, ist das eingesetzte Kapital verloren.

Bewertung im Überblick

Liquidität	▦▭▭▭▭▭▭▭▭
Sicherheit	▭▭▭▭▭▭▭▭▭
Rentabilität	▦▭▭▭▭▭▭▭▭

Empfehlung für die Anlagestrategie:
Hat man die Anlage von Aktien für sich befürwortet, muss man auch überlegen, ob man nicht ein gewisses Engagement in Optionsgeschäften vornimmt.

Es gilt, wie auch schon bei der Kapitalanlage in Aktien, dass man ein breites Wissen über die wirtschaftliche Umwelt und die Entwicklung von einzelnen Firmen benötigt. Glaubt man die Aktienkurse einigermaßen und die Aktienanlage hinreichend zu kennen, kann man einen gewissen Anlagebetrag auch im Optionsgeschäft einsetzen.

WICHTIG Man muss sich immer vor Augen halten, dass es sich bei Optionsscheinen um Spekulation handelt. Wenn man den Verlust des Geldes nicht verkraften kann, sollte man es auch nicht einsetzen.

Optionsscheine sollte man nie auf Kredit kaufen, auch wenn es auf den ersten Blick noch so verlockend erscheint.

Man sollte immer Optionsscheine mit einer langen Restlaufzeit kaufen. Sie bieten die größten Chancen auf Gewinn.

Erst genau informieren. Wo liegt die Gewinnschwelle? Wie wirkt der Hebel? Man sollte mit seinen Bankberatern sprechen – ihnen aber nicht alles glauben.

Der gewählte Optionsschein muss regelmäßig gehandelt werden. Steht ein „T" im Kursblatt hinter dem gewünschten Papier, bedeutet dies „taxiert". Dann ist höchste Vorsicht geboten, der Optionsschein wird nicht regelmäßig gehandelt.

Optionsscheine sind keine Daueranlage. Bemerkt man, dass er sich nicht so entwickelt, wie man dies progno-

Welche Konditionen bieten Optionsscheine?

Produktname/Emittent	Typ	Laufzeit	Basis-preis	Kurs	Aufgeld (%)	Hebel
Aktien-Optionsscheine						
BASF 96/Citibank	Call	15.06.00	50,00	18,37	11,4	3,3
BMW ST 98/Cobank	Call	16.06.99	1763,48	4,44	72,5	28,2
Basket-Optionsscheine						
Chemie 97/Soc. Gén.	Call	30.12.98	800,00	0,53	44,8	14,4
French Recovery/Goldman	Call	04.12.98	1000,00	1,07	11,4	10,1
Index-Optionsscheine						
DAX 98/Cobank	Call	15.06.99	4800,00	5,95	18,0	7,7
Nikkei 225 98/Goldman	Call	10.06.99	16000,00	0,98	21,7	17,6
Devisen-Optionsscheine						
Citibank 98 US$	Call	06.09.99	1,75	3,24	5,3	52,2
Citibank 98 Pfund	Call	06.12.99	2,80	8,22	1,6	34,5
Zins-Optionsscheine						
Deutsche Bank 98	Call	16.06.99	109,00	2,78	– 0,5	40,4
Commerzbank 98 US-Zins	Call	27.05.99	109,00	10,37	1,8	13,0

(Quelle: BÖRSE ONLINE 9/98)

stiziert hat, sollte man ihn auch wieder abstoßen. Man kann mit dieser Überlegung der Bank bereits beim Kauf eine Verkaufsorder geben, falls der Einstandspreis um zum Beispiel 20% unterschritten wird. Dies nennt man „Stop-Loss-Order".

Strategie für den risikofreudigen Anleger

Er kauft mit seinem Geld statt Aktien Optionsscheine.

Vorteil: Beim Kursaufschwung kann er den Einsatz verdoppeln, manchmal sogar vervielfachen.

Nachteil: Er kann seinen Einsatz verlieren.

Strategie für den etwas vorsichtigeren Anleger

Er erwirbt zu seinem bunt gemischten Depot aus Anleihen, Fonds und Aktien ein paar Optionsscheine (nicht mehr als 15% vom Depotwert), „damit das Geldanlegerleben nicht so langweilig verläuft".

Vorteile: Läuft der Markt, profitiert der Anleger zusätzlich. Fällt die Börse, ist der Verlust leicht zu verkraften.

Strategie für den vorsichtigen Anleger

Er hält 85% seines Anlagebetrags in risikoarmen Anleihen, die ihm um die 8% Rendite bringen. Die restlichen 15% setzt er aggressiv in Optionsscheinen ein.

Vorteil: In der Hausse ist der Anleger voll dabei; in der Baisse decken die Zinseinnahmen der Anleihen die Verluste aus den Optionsscheinen.

▷ Für alle Anleger, die gerne mit dem Risiko leben und Geld im Überfluss haben.

TIPP

Optionsscheine auf Indizes

Statt wie bisher nur auf Einzelpapiere zu setzen, kann man mit Optionsscheinen auf Indizes, auf ganze Aktienkörbe, spekulieren. Das geht eigentlich ganz einfach. Man bestimmt einen Index, einen Basiskurs und eine Laufzeit und sucht anschließend Käufer, die die Wette halten.

HINWEIS Viele Anleger verwirrt die phonetische Nähe zu Option. Die Option ist eine Spekulation an der Terminbörse (siehe unter „Option").

Optionsscheine auf Währungen und Zinsen

Schon ab dem Einsatz von 1.000 DM kann man mit Optionsscheinen an den Währungs- und Zinsmärkten mitmischen. Mit einem Optionsschein kann man zum Beispiel das Recht erwerben, zu einem bestimmten, vorher festgelegten Kurs (Basiskurs) 100 Dollar zu kaufen. Die Optionsscheine sind relativ billig. Sie nutzen den Hebel voll aus.

Ein Kauf-Optionsschein heißt „Call", ein Verkauf-Optionsschein „Put". Mit einem Call spekuliert man auf steigende Kurse, mit einem Put auf fallende Zinsen.

Will man das Risiko von Optionsscheinen einschränken, sollte man sich mit gekappten Optionsscheinen beschäftigen. Gekappte Optionsscheine sind in ihren Gewinnchancen begrenzt, damit aber auch nicht so risikoreich. Weiterhin interessante Möglichkeiten ergeben sich aus der Kombination von gekappten Call- und Put-Optionsscheinen.

Eine Risikoeinschränkung bieten auch die GROI-Optionsscheine. GROI ist die Abkürzung für Guaranteed-Return-on-Investment. Bei GROI-Optionsscheinen erhält der Anleger einen garantierten Gewinn bis zum Ende der Laufzeit. Das Verlustrisiko wird ausgeschlossen, die Gewinnchancen bleiben bestehen. Besonders beliebt: GROI-Optionsscheine auf Dollar-Kursentwicklung.

Wer's lieber etwas weniger risikoreich möchte ...

Anlageart: Aktienfonds

Was ist das?

Wie bereits unter „Fonds" beschrieben, bieten Aktienfonds eine gestreute Kapitalanlage bei vielen unterschiedlichen Unternehmen. Das Prinzip ist gleich: Die Gelder vieler verschiedener Anleger werden in einen großen Topf geworfen und von Profis, den so genannten Fondsmanagern, verwaltet. Sie kaufen zielgerichtet Aktien und schichten sie im Laufe der Zeit – gemäß der Entwicklung der einzelnen Unternehmen – immer wieder um. Es gibt viele Aktienfonds, die einen Teil ihres Anlagekapitals in Optionsscheinen anlegen.

Bei Aktienfonds muss man wissen, dass sich ihr Kurs wie der Aktienmarkt verhält. Es gibt also auch bei Aktienfonds ein ausgeprägtes „auf" und „ab". Nun kommt es darauf an, wie geschickt die Fondsmanager ihr Anlagekapital einsetzen; die Auswahl und die Mischung sind dabei entscheidend.

Auch für den Anleger kommt es auf die richtige Auswahl an. Er hat sich unter mehr als 800 Fonds zu entscheiden. Wie soll man sich da einen Überblick verschaffen? Als Kleinanleger kann man im Grunde nur in überlegten Schritten vorgehen.

1. Schritt: Man muss sich darüber im Klaren sein, in welchem Segment man investieren möchte: also zum Beispiel nur in deutschen Aktien, in Chemieaktien, in Umweltaktien oder in einem anderen Segment.

2. Schritt: Man sollte sich über die langfristige Entwicklung der Fonds informieren. Als Maßstab für den Erfolg eines Fonds gilt ein Horizont von fünf oder zehn Jahren. Entsprechende Informationen und Hitlisten findet man in allen Finanzzeitschriften. Im Fachjargon spricht man von „Performance". Man sollte bei einer Anlage in einem Aktienfonds von einer Mindestanlage von zwei bis drei Jahren ausgehen. Noch länger ist noch besser.

3. Schritt: Schließlich lässt man sich ausführlich von seiner Bank beraten. Vielleicht ist auch die Beratung einer anderen Bank notwendig, denn viele Bankberater können nur zu eigenen Produkten eine Aussage treffen. Noch besser ist, wenn man sich Tipps bei einem unabhängigen Berater holt.

So funktioniert's:
Der Anleger kauft und verkauft Fondsanteile über seine Bank oder direkt bei der Fondsgesellschaft. Er erhält so genannte Investmentzertifikate, also Wertpapiere.

Eine Kapitalanlagegesellschaft verwaltet die Fonds. Das Fondsmanagement kauft und verkauft Wertpapiere an den Kapitalmärkten und Wertpapierbörsen.

Das kostet's:
Häufig wird von geschickten Verkäufern behauptet, dass der Kauf von Investmentanteilen kostenfrei sei. Dem ist natürlich nicht so, wenngleich in den meisten Fällen keine Gebühren verlangt werden. Die Banken als Verkäufer eines Fonds verdienen an der Differenz zwischen dem Verkaufspreis und dem Ankaufspreis. Die Banken nennen dies Ausgabe- und Rücknahmepreis. Die Differenz kann recht hoch sein, bei Aktienfonds beträgt sie bis zu 6%. Dies bedeutet, dass Fondsanteile, die kurzfristig (innerhalb Jahresfrist) gekauft und verkauft werden, mit Kosten von bis zu 6% belastet werden.

Welche Konditionen bieten Aktienfonds?

Fondsname	Investmentgesellschaft	Wertentwicklung in %		
		1 Jahr	5 Jahre	10 Jahre
weltweit anlegend				
Templeton Growth (US$)	Templeton	9,8	17,6	14,2
Fidelity International (US$)	Fidelity	21,6	18,5	–
Akkumula (DM)	DWS	18,5	16,5	12,3
DB International DVG (DM)	DVG	33,6	19,5	–
Fondis (DM)	Adig	29,3	15,9	9,4
Schwerpunkt Deutschland				
DWS Deutschland (DM)	DWS	41,4	–	–
Adifonds (DM)	Adig	53,1	27,5	17,2
FT Deutschland Dynamik (DM)	FT	50,5	26,5	–
DWS Dt. Aktien 0 (DM)	DWS	60,9	–	–
Schwerpunkt Amerika				
Fleming American (US$)	Fleming	32,3	26,0	–
Fidelity America (US$)	Fidelity	31,6	21,3	–
ACM GI AmeGrowth AX (US$)	Alliance Lux	46,4	24,5	–
Alger Growth (US$)	Alger	39,1	24,0	20,2
MMWI-Amerak-Fonds (DM)	MMWI	40,3	21,0	–
Schwerpunkt Asien				
Fidelity Hongkong China (US$)	Fidelity	–41,0	6,0	–
Fidelity Thailand (US$)	Fidelity	–67,1	–20,0	–
Fidelity Asean (US$)	Fidelity	–66,1	–13,8	–
Fleming Eastern Opp. (US$)	Fleming	–47,3	–4,7	–
Schwellenländer (Emerging Markets)				
Fidelity Emerg. Markets (US$)	Fidelity	–30,2	–	–
Merc ST Emerg. Markets (US$)	Mercury	–33,7	–	–
Indos. GIF Dev. MKt ST (US$)	Indosnez	–31,1	–3,7	–
Branchenfonds				
GT Technology Fund A (US$)	LGT	38,4	28,8	–
DIT-Technologicfonds (DM)	DIT	30,5	25,6	12,7
DWS-Technologiefonds (DM)	DWS	26,0	21,0	8,2

(Quelle: Akademische Arbeitsgemeinschaft: Geldtips 8/98)

HINWEIS Vielfach ist es günstiger, das Fondskonto nicht bei der Bank oder Sparkasse führen zu lassen, sondern bei der entsprechenden Fondsgesellschaft direkt. Der Anlageberater wird vermutlich den Sparer darauf hinweisen.

Aufgrund des verwaltungstechnischen Aufwands der Zinsabschlagssteuer haben manche Fonds Kontoführungsgebühren eingeführt.

Und die Steuer?
Zinserträge und Dividendenerträge unterliegen der Einkommensteuer, Kursgewinne und -verluste dagegen nicht. Man kann jedoch davon ausgehen, dass Aktienfonds, die einen relativ geringen Zinsanteil haben, eher auf den Wertzuwachs bauen. Dieser ist nicht steuerpflichtig.

▷ Eindeutige Empfehlung: Wer Steuern sparen möchte, engagiere sich in Aktienfonds.

Und der Euro?
Alle Fonds sind am 1.1.1999 in Euro umgestellt worden.

AUF DEM PRÜFSTAND

Gemessen an den Kriterien der Anlagestrategie:
■ *Liquidität*
Theoretisch ist Liquidität kein Problem, denn die meisten Fondsanteile können jederzeit verkauft werden. Nachzufragen ist, ob der erwählte Fonds täglich börsennotiert ist.

Viele ungeplante Verkäufe können nur mit Verlust realisiert werden (insbesondere durch die hohen Spesen). Wer diesen Verlust nicht eingehen will, kann die Fondsanteile natürlich auch beleihen.

■ *Sicherheit*
Die deutschen Fondsgesellschaften haben sich durchaus einen Namen gemacht. Sie bürgen für Qualität. Jedoch muss man sich darüber im Klaren sein, dass der beste Fondsmanager keine Garantie auf Gewinn gibt. Die Ergebnissicherheit ist zwar größer als beim Engagement in einzelne Aktien, dennoch unterliegt auch der Kurs eines Aktienfonds der Marktentwicklung. Man kann einen Aktienfonds durchaus zu den spekulativen Anlageformen zählen.

■ *Rentabilität*
Fonds sollte man auf keinen Fall als eine kurzfristige Anlage ansehen. Daher muss man auch die Bewertung der Rendite auf einen längeren Zeithorizont beziehen. Die Renditebewertung sollte auf einer Zehn-Jahres- und einer Fünf-Jahres-Basis erfolgen, was nicht heißen darf die kurzfristige Entwicklung aus dem Auge zu verlieren. In der Vergangenheit haben Aktienfonds (über fünf oder zehn Jahre beurteilt) eine sehr gute Rendite erwirtschaftet.

Bewertung im Überblick

Liquidität	[▭▭▭▭▭▭▭▭▭ ▯ ▯]
Sicherheit	[▭▭▭▭▭▭▭▭ ▯ ▯ ▯]
Rentabilität	[▭▭▭▭▭▭▭ ▯ ▯ ▯ ▯]

Empfehlung für die Anlagestrategie:
Fonds gehören heute zu jeder Anlagestrategie. Wir folgen damit der Argumentation, dass die Profis eben doch mehr können als der „Kleinanleger". Dabei sollte man eine „vernünftige Mischung" wählen. Man wird nicht nur auf Aktienfonds setzen, sondern auf jeden Fall einen Rentenfonds sozusagen flankierend zeichnen. Gehen die Aktienkurse (aufgrund hoher Zinsen) nach unten, steigen die Kurse der festverzinslichen Wertpapiere.

▶ Ein Teil seines Anlagevermögens sollte man unbedingt den Profis anvertrauen.

TIPP
„Die Mischung macht's." Unter dieser Überschrift setzte die Zeitschrift *Finanzen* Profis auf Profis an. Professionelle Fonds-Picker suchten für ihr Klientel die besten und attraktivsten Fonds aus und investierten in diese. Sobald die Analytiker Abweichungen von der Fondsstrategie feststellten oder die Ergebnisse schrumpften, wurde in andere Fonds umgeschichtet (siehe unter „Fonds").

Ein Ausflug für die Profis.

Anlageart: Financial Futures

Was ist das?
Ein Financial Future ist eine durch eine Börse vermittelte, für beide Kontraktpartner unbedingt verpflichtende Vereinbarung,

■ zu einem bestimmten Zeitpunkt (Liefer-, Erfüllungstag)
■ eine bestimmte Menge eines bestimmten Basiswertes (zum Beispiel synthetische Anleihen und Aktienindizes)
■ zu einem im Voraus vereinbarten Preis zu kaufen bzw. zu verkaufen.

In den vergangenen Jahren haben sich verstärkt Finanzterminkontrakte, so genannte Futures, eingebürgert. Bei ihnen hat man die einzelne Aktie als Basis bereits aus dem Auge verloren; man betätigt sich nur noch als Spekulant. Gegenstand der Spekulation kann der DAX, der Deutsche Aktienindex, sein. Man spricht in diesem Fall von DAX-Futures. Ein anderer Gegenstand der Futures ist die idealtypische Bundesanleihe. Man spricht in diesem Fall von BUND-Futures.

Bei Futures ist nicht daran gedacht, ein Finanzprodukt (also zum Beispiel den DAX) tatsächlich zu liefern. Die Geschäftspartner wollen nur die Preisveränderungen des entsprechenden Finanzprodukts ausnutzen. Man nennt dies auch ein Differenzgeschäft.

Wer an steigende Aktienkurse des gesamten Aktienmarktes glaubt, wird DAX-Futures kaufen. Er braucht allerdings einen Kontrahenten, der genau die gegenteilige Auffassung hat. Begrenzung bei Gewinn oder Verlust gibt es keine. Der Gewinn des einen entspricht dem Verlust des anderen. Wer an sinkende Zinsen auf dem Anleihenmarkt glaubt, muss BUND-Futures kaufen;

wer auf steigende Zinsen setzt, muss BUND-Futures verkaufen.

Der Markt für Financial Futures ist die Deutsche Terminbörse (DTB). Sie ist eine von 17 Kreditinstituten getragene, reine Computerbörse zur Abwicklung von Optionsaufträgen des privaten Publikums.

ACHTUNG Nur wer sich bei Termingeschäften auskennt, sollte sich in diesem Metier engagieren. Wir befinden uns hier eindeutig auf dem Spielfeld der Profis.

HINWEIS Wer dennoch nicht die Finger von Financial Futures lassen kann, hat die Möglichkeit, sich in so genannten Guaranteed Future Funds zu engagieren. Sie bieten Anlegern ab 10.000 DM ein Engagement in hochspekulativen Kontrakten mit gleichzeitiger Geld-zurück-Garantie. Der Trick liegt in der Mischung des Fonds. 60% werden in Zero-Bonds angelegt, sodass nach Ablauf einer bestimmten Frist das Kapital wieder auf 100% angewachsen ist. 40% des Kapitals werden in Futures investiert. Der gesamte Spaß ist jedoch recht teuer. Wer sich mit der Materie beschäftigt, kann eine solche Aufteilung auch selbst vornehmen.

Rund um Immobilien

Der Wunsch aller Deutschen scheint der Besitz einer Immobilie zu sein.

Dieser Überlegung ist selbstverständlich auch in der jeweiligen Strategie der Vermögensbildung Rechnung zu tragen.

Rund um die Immobilie behandeln wir einige Geldanlagemöglichkeiten:

- das Bausparen,
- die Immobilie,
- den Immobilienfonds.

Bausparen ist eine Kuriosität, deren Anhänger sich auf dem Weg zum Großgrundbesitzer wähnen.

Anlageart: Bausparen

Was ist das?

Das Bausparen beruht auf einem ganz einfachen Grundprinzip: Viele Bauwillige sparen in einen Topf, aus dem einzelne Bauherren nacheinander Darlehen erhalten. Damit erhält der erste Häuslebauer seine Baufinanzierung wesentlich früher, der letzte nicht später, als wenn er aus eigener Kraft angespart hätte.

BEISPIEL Zehn Bauherren wollen sich ein Haus bauen, das jeweils 500.000 DM kostet. Sie können im Jahr 50.000 DM sparen, müssten also zehn Jahre warten, bis sie sich ihren Traum erfüllen können. Schließen sich die zehn Bauherren nunmehr zusammen und zahlen alle im ersten Jahr den Sparbetrag von

50.000 DM in einen Pool, stehen sofort 500.000 DM zur Verfügung und der erste Bauherr kann mit dem Bau beginnen. Unterstellt man, dass alle Poolmitglieder weiterhin jährlich 50.000 DM in den Pool einzahlen, kann in jedem Jahr einer von ihnen bauen, der Letzte im zehnten Jahr. Die Bauherren eins bis neun werden damit früher in die Lage versetzt zu bauen, der zehnte Bauherr kann zwar erst nach zehn Jahren bauen, aber immerhin nicht später, als wenn er aus eigener Kraft angespart hätte. Dieses Prinzip ist sicherlich einleuchtend. Den Häuslebauern steht das Darlehen desto früher zur Verfügung, je mehr Personen sich entscheiden, dieser Poolgemeinschaft beizutreten.

So funktioniert's:
Der einzelne Bausparer schließt bei einer Bausparkasse einen Bausparvertrag über eine bestimmte Summe (zum Beispiel 100.000 DM) ab. Er zahlt eine Abschlussgebühr, die je nach Gesellschaft zwischen 1,0 und 1,6 % liegt.

Es folgt nunmehr die Ansparphase. In ihr werden je nach Gesellschaft 40 bis 50 % der Bausparsumme (Mindestsparsumme) angespart. Die Ansparzeit beträgt je nach Höhe des monatlichen Sparbetrags vier bis zehn Jahre.
Die Bausparsumme kann auch einmalig anbezahlt werden. Während der Ansparphase erhält der Bausparer einen Guthabenzins, der zwischen 2 und 4 % liegt.

Nach der Ansparphase erfolgt die Zuteilung. Der genaue Zeitpunkt der Zuteilung ist von drei Voraussetzungen abhängig:
- Es muss die Mindestsparzeit eingehalten werden. Sie beträgt 18 bis 60 Monate.
- Die Mindestsparsumme ist erreicht. Sie beläuft sich auf 40 bis 50 % der Bausparsumme.
- Drittens (sehr entscheidend) muss die Bewertungszahl erreicht werden. Die Bewertungszahl drückt die Rangfolge der Zuteilungsberechtigten aus.

ACHTUNG Die Bewertungszahl errechnet sich aus einem recht komplizierten Zeit-mal-Geld-System. Sie wird damit beeinflusst von der Liegezeit des Bausparguthabens (Zeitfaktor) und von der Höhe der Bausparbeiträge (Geldfaktor).

Der genaue Auszahlungspunkt kann und darf (§ 4 Abs. 5 Bausparkassengesetz) nicht bekannt gegeben werden. Die Höhe des Bauspardarlehens ergibt sich aus der Differenz zwischen Bausparsumme und Ansparsumme. Wurden bei einer Bausparsumme von 100.000 DM zum Beispiel 40 % angespart, errechnen sich 60.000 DM als Darlehensbetrag. Das Bauspardarlehen kostet zwischen 4 und 6 % Nominalzins.
Der Nominalzins in Höhe von 4 bis 6 % klingt verhältnismäßig attraktiv. Aufgrund der Abschlussgebühr, der Nebenkosten und der Darlehensgebühr ist der effektive Jahreszins wesentlich höher.

Die Darlehen der Bausparkasse werden normalerweise mit einer nachrangigen Besicherung versehen. Die monatliche Tilgung beträgt zwischen 0,5 und 0,7 % der Bausparsumme. Bei 100.000 DM Bausparsumme beträgt die Tilgung monatlich zwischen 500 und 700 DM. Die Tilgungsdauer liegt damit bei sieben bis zwölf Jahren.

WICHTIG Das Bauspardarlehen ist zweckgebunden. Es darf grundsätzlich nur für Baumaßnahmen eingesetzt werden. Die Definition dieser Baumaßnahmen ist jedoch relativ großzügig. Sie reicht von den Abbruchkosten eines Hauses bis hin zur Zweitgarage und schließt auch den Bau von Kachelöfen oder einer Pergola mit ein.

Standardtarife:

- Guthaben werden mit 2,5 bis 3 % verzinst.
- Regelsparbetrag ist monatlich 4 bis 5 ‰ der Bausparsumme.
- Darlehen werden frühestens nach 18 Monaten gewährt, wenn 40 % der Bausparsumme eingezahlt sind.
- Die Darlehen kosten 2 % über dem Guthabenzins.
- Die Darlehen müssen pro Monat mit 6 ‰ der Bausparsumme getilgt werden (insgesamt 11 Jahre).
- Der Effektivzins der Kredite liegt zwischen 5,37 und 5,91 %.

Schnelltarife:

- Guthaben werden mit 2,5 bis 3 % verzinst.

- Regelsparbetrag ist monatlich 7 bis 10 ‰ der Bausparsumme.
- Darlehen werden gewährt, wenn 50 % der Bausparsumme eingezahlt sind.
- Die Darlehen kosten 2 % über dem Guthabenzins.
- Die Darlehen müssen in sechs oder sieben Jahren getilgt werden.
- Der Effektivzins der Kredite liegt bei 6,5 %.

Hochzins-Langtarife:

- Guthaben werden mit 4 % verzinst.
- Regelsparbetrag ist monatlich 3 bis 4,5 ‰ der Bausparsumme.
- Darlehen werden frühestens nach 60 Monaten gewährt, wenn 50 % der Bausparsumme eingezahlt sind.
- Die Darlehen kosten 2 % über dem Guthabenzins.
- Die Darlehen müssen in 16 Jahren getilgt werden.
- Der Effektivzins der Kredite liegt bei 6,96 %.

Optionstarife:

- Der Bausparer kann das Zinsniveau (Guthaben zwischen 2,5 bis 4 %, Darlehen 2 % höher), den Regelsparbetrag (3 bis 7 ‰), das Mindestsparguthaben für die Zuteilung (zwischen 40 und 50 %) und die monatliche Rückzahlungsrate (zwischen 5 und 8 ‰) selbst bestimmen.

Das kostet's:
Die Abschlussgebühr beträgt in den meisten Fällen 1% der Bauspar-summe.
Die Gutenhabenzinsen liegen bei 2 bis 4% im Jahr auf den angesparten Betrag.
Der Darlehenszins beträgt 4 bis 6% im Jahr.
Hinzu kommt die Darlehensgebühr von 2% und das Agio von 1% des Bauspardarlehens.

Und die Steuer?
Einkommensteuer fällt auf den Gut-habenzins in der Ansparphase an. Da der Zinsbetrag relativ niedrig ist, fällt die steuerliche Belastung nicht sehr ins Gewicht. Die Darlehenszin-sen können entsprechend der staat-lichen Bauförderung steuermin-dernd angesetzt werden. Seine Popu-larität verdankt das Bausparen der besonderen staatlichen Förderung.

Und der Euro?
Es bleibt den einzelnen Instituten überlassen, wann sie die Verträge auf Euro umstellen. Man kann aber davon ausgehen, dass die meisten Verträge zum 1.1.1999 umgestellt wurden. Der letzte Zeitpunkt für die Umstellung ist der 31.12.2001.

AUF DEM PRÜFSTAND

Gemessen an den Kriterien der An-lagestrategie:
■ *Liquidität*
Zwar kann man den Vertrag kündi-gen und erhält nach einer Karenz-zeit (mindestens drei Monate) die gesparten und verzinsten Gelder zurück, man muss aber bedenken, dass man dann alle Nachteile, zum Beispiel die niedrigen Zinsen, in Kauf nehmen muss, ohne in den Vorteil der niedrigen Darlehenszinsen zu kommen.
Weiterhin ist an die prämien- und steuerrechtlichen Konsequenzen der Kündigung zu denken. Immerhin gilt eine Bindungsfrist von zehn Jahren, wenn die Bausparmittel nicht für den Wohnungsbau eingesetzt wer-den. Da sollte man also lieber nicht kündigen.

■ *Sicherheit*
Die Bausparkassen sind öffentlich-rechtliche oder privat-rechtliche Ein-richtungen. Sie unterliegen dem strengen Gesetz über das Kreditwe-sen und dem Gesetz über Bauspar-kassen. Aufsichtsbehörde ist das Bundesaufsichtsamt für das Kredit-wesen in Berlin. Es besteht kein An-lass, dass man sich über die Sicher-heit des Geldes Gedanken machen müsste.

■ *Rentabilität*
Die Rentabilität des Bausparens er-gibt sich aus der staatlichen Bau-sparförderung. Liegt man innerhalb der entsprechenden Einkommens-grenzen, ist die Rendite akzeptabel. Bei einem siebenjährigen Bausparen liegt sie je nach Guthabenzinsen zwi-schen 5 und 6%. Ohne die Inan-spruchnahme der staatlichen Bau-sparförderung ist die Rendite nicht ausreichend.

Bewertung im Überblick

Liquidität	▭▭▭▭▭▭▭▭▭
Sicherheit	▭▭▭▭▭▭▭▭▭
Rentabilität	▭▭▭▭▭▭▭▭▭

Empfehlung für die Anlagestrategie: Wichtigster Vorteil des Bausparens ist die staatliche Förderung. Befindet man sich innerhalb der entsprechenden Gehaltsgrenzen, sollte man unbedingt die Möglichkeiten der „vermögenswirksamen Leistung" und der „Wohnungsbauprämie" in Anspruch nehmen. Dies empfiehlt sich umso mehr, wenn der Arbeitgeber sich am Sparen beteiligt.

Ein weiterer Vorteil ist das zinsgünstige Bauspardarlehen. Bausparen ist damit nur zu empfehlen, wenn es im Rahmen einer Eigentumsbildung mit Haus oder Wohnung eingebracht wird.

Als Nachteile sind die hohen Kosten (Abschlussgebühr, Darlehensgebühr) und die niedrigen Guthabenzinsen anzuführen. Dies wird umso deutlicher in einer Hochzinsphase, in der man für sein Geld wesentlich mehr Zinsen erhält. Noch schlechter sieht es natürlich aus, wenn das Darlehen zusätzlich in eine Niedrigzinsphase fällt und man von den Geschäftsbanken attraktive Darlehen erhalten kann.

Ein Nachteil liegt weiterhin in der langen Wartezeit, mit der man sich abfinden muss. Ist die Bauentscheidung getroffen und wird das Darlehen noch nicht zugeteilt, muss eine teure Zwischenfinanzierung aufgenommen werden. Wird die Bauentscheidung zurückgestellt, muss man mit höheren Kosten für den Bau rechnen und sich in der Zwischenzeit mit den niedrigen Guthabenzinsen zufrieden geben. Die Zuteilungszeit wird insbesondere dann länger, wenn nicht mehr so viele Neuabschlüsse getätigt werden. Dann funktioniert das zu Grunde liegende Schneeballsystem nicht mehr so gut.

▷ Das Bausparen sollte in das Strategiekonzept nur aufgenommen werden, wenn eine Baumaßnahme beabsichtigt ist.

TIPP

Der alternative Weg zum Bausparen ist einfach und liegt eigentlich auf der Hand. Der Bauwillige spart auf eigene Faust und sichert sich in der Ansparphase mindestens 7 % Zinsen. Ist die Ansparphase beendet, wird ein normales Hypothekendarlehen aufgenommen. Experten haben die beiden Alternativen berechnet und kommen zu dem Schluss, dass sich Bausparen nur lohnt, wenn der Hypothekenzins über 10 % liegt.

Wo gibt's weitere Informationen?

Informationen über die Bausparförderung erhält man bei den Bausparkassen und den einzelnen Landesfinanzministerien.

Eine Immobilie zum Vermieten: viel Ärger, geringe Rendite?

Anlageart: Immobilien

Was ist das?
Wohlgemerkt, das Wunschkind der Deutschen, das Eigenheim, zählt nicht zu den Geldanlagen. Es ist wohl eher eine verblüffend überzeugende Methode, wie man Geld vernichten kann.
Mit dem Eigenheim sind keine Einnahmen verbunden, also kann man auch nicht von einer Geldanlage sprechen. Die Tatsachen werden sogar noch auf den Kopf gestellt, wenn man die steuerliche Seite betrachtet. Obwohl man mit dem Häuschen keine Einnahmen erzielt, besteuert das Finanzamt fiktive Mieteinnahmen.

Als Kapitalanlage sehen wir den Erwerb von Immobilien lediglich dann an, wenn sie nicht selbst genutzt werden.

- Darunter kann man den Kauf eines Grundstücks verstehen, das man ungenutzt liegen lässt, um es zu einem späteren Zeitpunkt einmal wieder zu verkaufen und so an der Wertsteigerung zu partizipieren.
- Das kann aber auch eine Eigentumswohnung, ein Einfamilienhaus oder ein Mehrfamilienhaus sein, das vermietet wird.
- Es kann sich schließlich um eine Gewerbeimmobilie handeln, für die man regelmäßig Mieteinnahmen kassiert.

So funktioniert's:
Entweder man informiert sich über die entsprechenden Anzeigen in den Tageszeitungen, man nimmt die Vermittlungsdienste einer Bank in Anspruch, die häufig auch Immobilien im Programm haben, oder man schaltet einen Makler ein.

Partner beim Immobilienkauf:
Der **Immobilienmakler** sucht nach besonders attraktiven Immobilienangeboten auf dem Markt. Er bemüht sich um die Auswahl der Objekte und bereitet den Kaufvertrag vor. Es ist wichtig, einen professionell arbeitenden Makler zu engagieren, der im „Ring Deutscher Makler" organisiert ist. Die Aufnahme erhält ein Makler nur nach einer bestandenen Aufnahmeprüfung und dem Vorlegen von Referenzen.
Der **Notar** ist vom Staat eingesetzt. Er berät und belehrt die Parteien und hilft bei der Formulierung von Verträgen. Der Kauf einer Immobilie ist durch einen notariellen Vertrag abzusichern.
Der **Rechtsanwalt** berät beim Vertragsabschluss. Er hat die Interessen des Auftraggebers zu wahren.
Der **Steuerberater** gibt Hinweise über die „steuerliche Behandlung" von Immobilien. Man sollte ihn von Anfang an konsultieren und die Konsequenzen einer Immobilie auf alle Steuerarten untersuchen lassen (Grunderwerbssteuer, Grundsteuer, Einkommensteuer und Vermögenssteuer).
Der **Versicherungsmakler** berät beim Abschluss der richtigen, für die

Finanzierung eines Immobilienkaufs notwendigen Versicherungen.

Der **Finanzierungsberater** berät bei der Erstellung eines Finanzierungskonzeptes, beim Vergleich von Finanzierungsangeboten und bereitet die Finanzierungsverträge vor.

ACHTUNG Der Erwerb einer Immobilie ist mit einem notariellen Vertrag abzuschließen. Das Eigentum geht auf den Käufer über, sobald dieser im Grundbuch eingetragen ist.

Das kostet's:
Die Einschaltung der Helfer ist nicht gerade billig:

Notar-Gebühren:
1,5–2% des Kaufpreises
Grundbuchamts-Gebühren: gering
Grunderwerbssteuer:
2% des Kaufpreises
Immobilienmakler-Provision:
3,42% des Kaufpreises
Finanzmakler-Provision:
2% der Finanzierungssumme
Bankgebühren: gering
Finanzierungskosten:
0,5–3% der Finanzierungssumme
Grundbuchamt: gering

Und die Steuer?
Mieteinnahmen unterliegen der Einkommensteuer. Von den Mieteinnahmen können alle Kosten abgezogen werden, die mit dem Erwerb, der Erhaltung und Pflege der Immobilie entstehen. Dazu gehören auch die Kosten der Finanzierung.
Wichtiger Bestandteil der Mieteinnahmenminderung ist die Berück-

sichtigung der Abschreibung. Es gibt mehrere Varianten der steuerlichen Abschreibung. Man sollte daher einen Steuerberater einschalten, der die jeweils günstigste Abschreibungsart auswählt.

Und der Euro?
Es ergeben sich keine besonderen Auswirkungen. Seit dem 1.1.1999 kann in Euro (bargeldlos) bezahlt, ein Kredit in Euro abgeschlossen werden.

AUF DEM PRÜFSTAND

Gemessen an den Kriterien der Anlagestrategie:
■ *Liquidität*
Man sollte sich darüber im Klaren sein, dass man eine Immobilie nicht so schnell und problemlos kaufen und verkaufen kann wie ein Wertpapier an der Börse. Außerdem sind die bei Kauf und Verkauf anfallenden Kosten relativ hoch.
Man kann eine Immobilie jedoch beleihen und darauf günstige Finanzierungen erhalten.

■ *Sicherheit*
Eine Immobilie gilt als sehr sicher. Der Wert einer Immobilie ist dennoch einer gewissen Schwankung unterworfen. Häufig steigt oder fällt der Wert einer Immobilie mit geplanten (oder nicht geplanten) Infrastrukturmaßnahmen (zum Beispiel Verkehrsanbindung).

■ *Rentabilität*

Die Rendite einer Immobilie gilt nicht als sehr hoch. Muss man ein Mietobjekt zum Beispiel vollkommen fremd finanzieren, decken im Allgemeinen die Mieteinnahmen nicht den Finanzierungsaufwand.

Erreicht man für ein Mietprojekt eine Rendite von 6% (Zinsen und Wertsteigerung), so kann man diese als gut bezeichnen. Immobilien in bester Lage können noch bessere Renditen erzielen.

Bewertung im Überblick

Liquidität	▯
Sicherheit	▮
Rentabilität	▮

Empfehlung für die Anlagestrategie:
Verfügt man über genügend Anlagevermögen, so sollte zumindest eine Immobile im Anlagemix enthalten sein. Grund für diese Empfehlung ist der Gedanke der Risikoverteilung. Auch wenn die Rendite nicht sehr berauschend ist, kann man einen Teil des Kapitals sehr sicher anlegen.

▶ Wer genügend Geld hat, sollte sich ein kleines Häuschen in bester Lage zulegen. Mit Immobilien hat noch niemand Geld verloren.

Von einem Immobilienfonds erwartet man ein gutes Ergebnis und keinerlei Ärger.

Anlageart: Immobilienfonds

Was ist das?
Wie auch schon bei Renten- und Aktienfonds erhält der Immobilienfonds von vielen (Klein-)Anlegern Kapital und legt dieses wieder in Immobilien an. Grundgedanke ist dabei die Risikostreuung und die professionelle Verwaltung.

Bei Immobilienfonds unterscheidet man zwischen
- offenen Fonds und
- geschlossenen Fonds.

Offene Fonds: Üblich sind offene Fonds. Sie sind jederzeit zugänglich für jeden Sparer. Im Allgemeinen kann man sich bereits mit einem geringen Betrag an einem Fonds beteiligen. Es gibt aber auch Fonds, die eine entsprechend hohe Mindestbeteiligung verlangen.
Geschlossene Fonds: Sie können nur bis zu einem gewissen Gesamtbetrag gezeichnet werden. Das gezeichnete Kapital ist langfristig angelegt. Neues Kapital wird im Allgemeinen nicht benötigt.

Offene Immobilienfonds bieten die Möglichkeit, sich bereits mit Kleinstbeiträgen (ab 50 DM) an interessanten Gewerbeimmobilien zu beteiligen. Der Fonds sammelt die Gelder von vielen Anlegern ein und legt sie in 50 bis 100 unterschiedlichen Immobilienprojekten an. Offen bezeichnet für den Anleger, dass er diesen Fonds jederzeit an der Börse kaufen und verkaufen kann. Die Vorteile von festverzinslichen Wertpapieren werden mit den Vorteilen von Immobilien verbunden. Immobilienfonds haben in den letzten Jahren stark an Attraktivität zugenommen. Die Renditen vor Steuern sind interessant. Da die Rendite zu einem großen Teil aus dem Wertzuwachs der Immobilie gespeist wird, ist sie weitgehend steuerfrei. Damit wird die Rendite nach Steuern noch interessanter.

So funktioniert's:
Der Anleger kauft und verkauft Fondsanteile über seine Bank. Er erhält so genannte Investmentzertifikate, also Wertpapiere.
Eine Kapitalanlagegesellschaft verwaltet die Fonds. Das Fondsmanagement kauft und verkauft Immobilien. Von der Jahresrohmiete werden die laufenden Kosten für Instandhaltung, Steuer und Verwaltung abgezogen. Der Ertragswert errechnet sich aus dem Gebäudeertragswert und dem Bodenertragswert. Sie sind maßgeblich für die Entwicklung des Fonds.

Das kostet's:
Häufig wird von geschickten Verkäufern behauptet, dass der Kauf von Anteilen an einem Immobilienfonds kostenfrei sei. Dem ist natürlich nicht so, wenngleich in den meisten Fällen keine Gebühren verlangt werden. Die Banken als Verkäufer eines

Fonds verdienen an der Differenz zwischen dem Verkaufspreis und dem Ankaufspreis. Die Banken nennen dies Ausgabe- und Rücknahmepreis. Die Differenz kann recht hoch sein. Bei Immobilienfonds kann sie bis zu 6 % betragen.

HINWEIS Vielfach ist es günstiger, das Fondskonto nicht bei der Bank oder Sparkasse führen zu lassen, sondern bei der entsprechenden Fondsgesellschaft direkt. Der Anlageberater wird vermutlich den Sparer darauf hinweisen.

Aufgrund des verwaltungstechnischen Aufwands der Zinsabschlagssteuer haben manche Fonds Kontoführungsgebühren eingeführt.

Und die Steuer?
Zinserträge und Dividendenerträge unterliegen der Einkommensteuer, Kursgewinne und -verluste dagegen nicht.
Aufgrund der entsprechenden Anlagestrategie kann man davon ausgehen, dass der Ergebnisanteil von Immobilienfonds höchstens zu 50 % versteuert werden muss.

▷ Eindeutige Empfehlung: Wer Steuern sparen möchte, engagiere sich in Immobilienfonds.

Und der Euro?
Alle Fonds sind am 1.1.1999 in Euro umgestellt worden.

AUF DEM PRÜFSTAND

Gemessen an den Kriterien der Anlagestrategie:
■ *Liquidität*
Die Liquidität stellt selbst bei Immobilienfonds kein Problem dar, da die meisten Fondsanteile jederzeit verkauft werden können. Dennoch ist bei der Vielzahl von aufgelegten Fonds nachzuprüfen, ob der Fonds täglich börsennotiert ist.
Viele ungeplante Verkäufe können nur mit einem gewissen Verlust realisiert werden (insbesondere durch die hohen Spesen). Wer diesen Verlust nicht eingehen will, kann die Fondsanteile beleihen.

■ *Sicherheit*
Die deutschen Fondsgesellschaften haben sich durchaus einen Namen

Welche Konditionen bieten Immobilienfonds?

Fondsname	Investmentgesellschaft	Wertentwicklung in %		
		1 Jahr	5 Jahre	10 Jahre
Hansaimmobilia	Hansainvest	3,9	6,0	7,0
Grundbesitz-Invest	DGI	4,6	5,4	6,7
BfG Immo-Invest	BfG Immob.	5,2	6,2	–
Despa-Fonds	Despa	3,4	5,6	6,9
iii-Fonds 2	iii	3,6	5,2	6,7

(Quelle: Akademische Arbeitsgemeinschaft: Geldtips 8/98)

gemacht. Sie bürgen für Qualität. Jedoch muss man sich darüber klar sein, dass auch der beste Fondsmanager nicht mit Garantie Gewinne erwirtschaften kann. Die Ergebnissicherheit ist bei Immobilienfonds im Vergleich mit anderen Fondsarten am ehesten gegeben.

▪ *Rentabilität*

Fonds sollte man nicht als eine kurzfristige Anlage ansehen. Daher muss man die Bewertung der Rendite auch auf einen längeren Zeithorizont ausdehnen. Die Renditebewertung sollte auf einer Zehn- und einer Fünf-Jahres-Basis erfolgen, was allerdings nicht heißt, dass man die kurzfristige Entwicklung aus dem Auge verlieren muss.

Bewertung im Überblick

Liquidität	▭▭▭▭▭▭▭▭
Sicherheit	▭▭▭▭▭▭▭▭
Rentabilität	▭▭▭▭▭▭▭▭

Empfehlung für die Anlagestrategie: Fonds gehören heute zu jeder Anlagestrategie. Wir folgen damit der Argumentation, dass die Profis eben doch mehr können als der „Kleinanleger". Dabei sollte man eine „vernünftige Mischung" wählen. Man wird Immobilienfonds (oder Rentenfonds) als flankierende Maßnahmen zu anderen Geldanlagen zeichnen.

▷ Ein Teil seines Anlagevermögens sollte man unbedingt den Profis anvertrauen.

TIPP
Recht interessant sind die geschlossenen Immobilienfonds. Sie entstanden sozusagen auf den Ruinen des Bauherrenmodells. Im Gegensatz zu diesem sind geschlossene Immobilienfonds eine rechtlich und steuerlich abgesicherte Geldanlage. Geschlossene Immobilienfonds investieren in Gewerbeimmobilien mit Summen, die ein Privatanleger nicht aufbringen könnte.

Bei einem geschlossenen Immobilienfonds wird ein bestimmtes Gewerbeprojekt durch private Anleger finanziert. Ist das notwendige Kapital zur Finanzierung des Objektes komplett, wird der Fonds geschlossen. Als Rechtsform der Finanzierungsgesellschaft wird in den meisten Fällen die Kommanditgesellschaft (KG) verwendet. Der Einleger wird steuerlich so behandelt, als hätte er selbst eine Immobilie erworben. Damit kann dieser auch alle Steuervorteile geltend machen, wie ein Direktinvestor.

Worauf sollte man bei der Zeichnung von geschlossenen Immobilienfonds achten? Zuallererst und ohne Einschränkung: Der oder die Partner müssen vertrauenswürdig, müssen finanzstarke Firmen sein.

Folgende Fragen sind zu klären:
1. Welcher Anbieter steckt hinter dem Projekt? Wie vertrauenswürdig ist der Partner?
2. Hat der Anbieter schon solche Projekte abgewickelt? Wenn ja, mit welchem Ergebnis?

Beispiele für geschlossene Immobilienfonds

Fachmarkt- und Freizeitzentrum: Hansa-Center Berlin-Hohenschönhausen

Objekt: Fachmarkt- und Freizeitzentrum Hansa-Center in Berlin-Hohenschönhausen. *Vermietung:* 100%, 10–20 Jahre; real SB-Warenhaus (Tochter der Metro AG), IVG-Gebäudemanagement, multipolster Polsterfachmarkt, Topic-Fitnesscenter, Bowling-Center der gastrocom, Tanz-Café der ascop.
Eigenkapital: 51,5 Mio DM
Verlustzuweisung: 70,517 % in 1998, 2,261 % in 1999, teilweise Verschiebung von Verlusten aus 1998 nach 1999 möglich.
Ausschüttung: 6% in 2000 bis 9% p.a. in 2020.
Mindest-KG-Beteiligung: DM 50.000,– + 5% Agio.

Altbausanierung Traveplatz, Berlin-Friedrichshain

Objekt: Altbausanierung Traveplatz, Berlin-Friedrichshain, 261 Wohnungen in 19 Häusern.
Vermietung: Generalmietvertrag mit der landeseigenen Wohnungsbaugesellschaft WBF bis zum Jahre 2009.
Eigenkapital: 62%, zum Teil refinanzierbar (Mindesteigenkapital 26% = Mindestbareinlage).
Verlustzuweisung: In der Investitionsphase: 1998/99 ca. 180% bezogen auf die Bareinlage.
Ausschüttung: Bis zum Jahre 2008 Liquiditätsüberschüsse unter der Berücksichtigung von Folgesteuervorteilen.
Mindestbeteiligung: Wohnungsbezogene Beteiligung nach dem „Hamburger Modell", ab ca. DM 32.000,– Mindestbareinlage.

Landesbank Berlin Immobilienfonds Nr. 13

Objekt: Immobilien unterschiedlicher Nutzung an verschiedenen Standorten in Ost- und Westdeutschland.
Vermietung: 25-jähriger Generalmietvertrag mit einem Unternehmen der Bankgesellschaft Berlin.
Verlustzuweisung: Ca. 70% in 1998.
Ausschüttung: 5,5% in 1999 steigend auf 7% p.a. Anteilsandienungsrecht nach 25 Jahren zu 100%.
Mindest-KG-Beteiligung: DM 10.000,– + 5% Agio.

Büro- und Bankgebäude in Halle, Am Leipziger Turm, Fachmarktzentrum in Frankfurt/Oder

Objekt: Büro- und Bankgebäude in Halle; Fachmarktzentrum in Frankfurt/O.; Cityfonds 98.
Vermietung: 10–15 Jahre, Generalmietvertrag 10 Jahre, durch Bankbürgschaft gesichert; Dresdner Bank, Vereinte Haftpflichtvers., Kinnarps, extra-Markt (Tochter der Metro AG), Aldi, Schlecker, Sparkasse u.a.
Eigenkapital: 36 Mio. DM.
Verlustzuweisung: Ca. 67% in 1998.
Ausschüttung: 5% in 1999 bis 8% p.a. in 2018.
Mindest-KG-Beteiligung: DM 50.000,– + 5% Agio.

(Quelle: div. Prospekte 11/98)

3. Sind die Unterlagen eindeutig, gut und übersichtlich ausgearbeitet?
4. Wie wird der Fonds vertrieben? Beteiligen sich außerdem Banken am Vertrieb?

Wie sicher ist das Projekt?
1. Wie sind die Ergebnisaussichten des Fonds? Man sollte von vornherein abwinken, wenn nur die Steuerersparnis als Kriterium gesehen wird. Das Projekt muss für sich ergebnisträchtig sein.
2. Stimmen Standort und Lage der Immobilie? Ist die Bauqualität richtig veranschlagt?
3. Wer wird das Objekt mieten? Gibt es bereits Mietverträge? Wie lange laufen die Mietverträge?
4. Wer kontrolliert das Projekt? Wer übernimmt die Verwaltung?
5. Stimmt das Preis-Leistungs-Verhältnis?

Geschlossene Immobilienfonds haben einen großen Nachteil. Sie lassen sich nicht ohne weiteres verkaufen. Entweder die Fondsgesellschaft ist bereit den Anteil zu übernehmen oder man muss selbst einen entsprechenden Käufer suchen. Nach einigen Jahren (ab 15 Jahre) kann der Fonds als Einheit verkauft werden. Dann erhalten die Anteilseigner ihren Anteil zurück.

Rund um Lebensversicherungen

Lebensversicherungen kommen gut an; schließlich vereinigen sie Risikovorsorge und Geldanlage auf das Trefflichste miteinander.

Man schätzt, dass den deutschen Lebensversicherern jährlich in etwa 50 Milliarden DM an Prämien zufließen. Die Lebensversicherungen kann man somit durchaus als einen Renner bezeichnen. Lösen sie ihre Versprechen aber auch ein? Lebensversicherungen verdienen gut, wie Banken eben auch. Das lässt sich schon rein äußerlich an ihren prunkvollen Gebäuden sehen. Verdienen aber auch die Anleger gut?
Der Markt ist heute schon lange nicht mehr so homogen, wie er einst war. Viele Gesellschaften bieten unterschiedlichste Arten von Lebensversicherungen an. Die wichtigsten behandeln wir:
■ gemischte Lebensversicherung (altbekannt),
■ Lebensversicherung als Rentenversicherung (immer noch eine Alternative),
■ fondsgebundene Lebensversicherung (so etwas wie eine Innovation).

Einen Hinweis geben wir auch zur Direktversicherung (wem sie angeboten wird, der sollte unbedingt auch zugreifen).

Jahrelang ein Klassiker; die Gesellschaften haben gut verdient, die Sparer aber haben es nicht bemerkt.

Anlageart: gemischte Lebensversicherung

Was ist das?

Die gemischte Lebensversicherung ist eine Risikoversicherung mit beigemischten Geldanlageaspekten. Das Wesen einer gemischten Lebensversicherung lässt sich am besten mit einem Beispiel erklären.

Beispiel Ein 35jähriger Familienvater beschließt eine Lebensversicherung über eine Versicherungssumme von 50.000 DM über eine Laufzeit von 25 Jahren abzuschließen. Dafür zahlt er eine monatliche Prämie von 160 DM.

Dies bedeutet nun, dass im Todesfalle innerhalb der nächsten 25 Jahre den Angehörigen die Versicherungssumme über 50.000 DM ausgezahlt wird. Man nennt dies Abdeckung des Todesfallrisikos.

Im Erlebnisfall nach den 25 Jahren bekommt der nunmehr 60jährige Versicherungsnehmer die Versicherungssumme von 50.000 DM zuzüglich Gewinnanteilen, eine Überschussbeteiligung in Höhe von möglicherweise nochmals 50.000 DM, zusammen 100.000 DM ausbezahlt.

So funktioniert's:

Es funktioniert ganz einfach: Man lade den Versicherungsvertreter ein. Der lässt nicht mehr locker und bearbeitet einen so lange, bis man voller Überzeugung nach dem Füllhalter greift und unterschreibt.

Die Lebensversicherungen zahlen ihren Vertretern recht attraktive Prämien, sodass diese eine nicht selten penetrante Hartnäckigkeit an den Tag legen.

HINWEIS Es hilft alles nichts. Man sollte sich gründlichst informieren. Dies bedeutet, man lässt sich nicht mit einem, sondern mit mehreren Versicherungsvertretern ein. Von ihnen lässt man sich ein Angebot ausarbeiten. Dabei geht man von den gleichen Voraussetzungen aus: Eintrittsalter, Versicherungssumme, Laufzeit. Die Angebote der Gesellschaften lassen sich dann ganz gut vergleichen. Bei den prognostizierten Gewinnanteilen halten sich die Gesellschaften leicht bedeckt. Da man nicht in die Zukunft blicken kann, nimmt man als Vergleichswerte die Daten der Vergangenheit. Der Nachteil bei dieser Methode ist, dass man sich gleich Vertretern mehrerer Gesellschaften erwehren muss. Übrigens: Zeitschriften wie *DM, Finanztest* und *Stiftung Warentest* prüfen regelmäßig die Angebote der Lebensversicherer.

Das kostet's:

Nichts, werden die Vertreter betonen, und kurz vor der Unterschrift stellt sich heraus, dass doch Abschlusskosten kassiert werden. Irgendjemand muss ja auch die üppigen Abschlussprovisionen bezahlen. Diese werden häufig von den ersten Beiträgen einbehalten, sodass der unvoreingenommene Unterzeichner tatsächlich nichts davon bemerkt. Die Abschlusskosten mindern dennoch die Rendite. Weiterhin fallen Verwaltungskosten an. Ein Teil der Versicherungsbeiträge wird für diese Kosten abgezweigt. Wie viel das ist? Die Versicherungen sind häufig nicht zu konkreten Aussagen bereit.

Und die Steuer?

Ein wichtiger Vorteil der Lebensversicherungen ist die steuerliche Behandlung. Lebensversicherungen mit einer Laufzeit von über zwölf Jahren gelten als Vorsorge für das Alter und sind folglich steuerfrei. Damit wird die Lebensversicherung tatsächlich interessant. Zusätzlich können die monatlichen Versicherungsbeiträge in der Einkommensteuererklärung im Rahmen der Sonderausgaben geltend gemacht werden.

Und der Euro?

Die Lebensversicherungsverträge werden spätestens zum 31.12.2001 auf Euro umgestellt.

AUF DEM PRÜFSTAND

Gemessen an den Kriterien der Anlagestrategie:

▪ *Liquidität*

Mit der Liquidität ist es nicht gut bestellt. Hat man einmal den Vertrag abgeschlossen, muss man ihn auch bis zum bitteren Ende durchhalten. Natürlich kann man einen Versicherungsvertrag zum Ende eines jeden Versicherungsjahres kündigen, doch das ist mit hohen finanziellen Einbußen verbunden. Die Versicherungsgesellschaften zahlen lediglich zwischen 50 und 65 % des angesparten Betrages zurück. Benötigt man also unbedingt Geld, dann sollte man schon lieber die Versicherungspolice beleihen.

Eine Möglichkeit der vorzeitigen Kündigung ohne Nachteile gibt es:
1. wenn man das 60. Lebensjahr überschritten und
2. der Vertrag wenigstens zwölf Jahre bestanden hat.

In diesem Fall kann man kündigen und erhält den angesparten Betrag mit der aufgelaufenen Überschussbeteiligung ausbezahlt.

▪ *Sicherheit*

Die Versicherungsgesellschaften werden vom Staat streng überwacht. Rechtsgrundlage hierfür ist das Versicherungsaufsichtsgesetz, die zuständige Behörde ist das Bundesaufsichtsamt für das Versicherungswesen in Berlin. Man kann also davon ausgehen, dass die Sparbeträge bei den Versicherungen sicher aufgehoben sind.

▪ *Rentabilität*

Die Rendite ist mit der von anderen Geldanlagen nicht eindeutig vergleichbar, da ja auch eine Risikoabdeckung (im Todesfall) gegeben ist. Durch die günstige steuerliche Behandlung bieten Lebensversicherungen jedoch eine gute Rendite nach Steuern.

Bewertung im Überblick

Liquidität

Sicherheit

Rentabilität

Empfehlung für die Anlagestrategie:
Eine Lebensversicherung gehört ins
Strategiemix eines jeden verantwort-
lichen Geldanlegers mit Familie. Insbesondere sicherheitsbewusste Anleger werden sich mit einer Lebensversicherung abstützen.

▷ Das Finanzamt belohnt das Engagement in Lebensversicherungen.
Und die Familie hat auch nach
dem Tod des Anlegers noch etwas
davon.

TIPP
Seit die Grenzen Deutschlands durch-
lässiger werden, drängen immer
mehr ausländische Lebensversicherer auf den Markt. Noch stellen sie
keine richtige Konkurrenz dar, aber
sie lehren den deutschen Lebensversicherern bereits das Fürchten. Sie
bieten schon bei kurzen Laufzeiten
hohe (höhere) Renditen. Allerdings
muss man auch konstatieren, dass
ausländische Lebensversicherer ein
höheres Risiko darstellen. Außerdem
gibt es keinen garantierten Rück-
kaufwert und die Prämien können
steuerlich nicht angerechnet werden. Ein Vergleich lohnt sich jedoch
durchaus. Die ausländischen Versi-
cherer kommen insbesondere aus
England und Frankreich.

Wo gibt's weitere Informationen?

Informationen über Lebensversiche-
rungen erhält man bei:
Gesamtverband der Deutschen
Versicherungswirtschaft,
Abteilung Presse und Information,
Ebertplatz 1, 50668 Köln.

Ebenfalls Informationen und Adressen von Versicherern erhält man bei:
Verband der Lebensversicherungs-
unternehmen e.V.,
Eduard-Pflüger-Str. 55, 53113 Bonn.

Beschweren kann man sich beim:
Bundesaufsichtsamt für das Versicherungswesen, Postfach 15 02 80,
10664 Berlin.

Nicht nur die Existenz der Hinterbliebenen soll abgesichert werden, sondern gleichzeitig auch ein langes Leben des Sparers.

Anlageart: Lebensversicherung als Rentenversicherung

Was ist das?

Selbstverständlich gibt es Lebensversicherungen in sehr unterschiedlichen Formen. Werden bei der „normalen" gemischten Lebensversicherung nach dem Ende der Laufzeit die Versicherungssumme und zusätzlich die Gewinnanteile ausbezahlt, dann kann diese Summe auch „berentet" werden.

In diesem Fall wird ab Ende der Versicherungslaufzeit eine monatliche Rentenzahlung bis zum Tod geleistet. Vereinbart man eine Rentengarantiezeit, so wird die Rente – auch beim Tod des Versicherten – während dieser Zeit an die Hinterbliebenen weiterbezahlt.

Empfehlung für die Anlagestrategie:

Die Lebensversicherung als Rentenversicherung ist durchaus sinnvoll, wenn man keinerlei staatliche Rente bezieht. Ist aber ein solcher Grundstock bereits gelegt, kann man das ausgezahlte Vermögen auch selbst so anlegen, dass es regelmäßig fällig wird und man so von den regelmäßigen Erträgen leben kann.

Lebensversicherungen im modernen Styling. Man musste sich einfach etwas einfallen lassen ...

Anlageart: Fondsgebundene Lebensversicherung

Was ist das?

Zunächst einmal zeichnen fondsgebundene Lebensversicherungen keine großen Unterschiede zu den „normalen" gemischten Lebensversicherungen aus. Sie unterscheiden sich lediglich in der Anlageform der eingezahlten Versicherungsprämien: Die Prämien der fondsgebundenen Lebensversicherungen wandern in einen Investmentfonds. Der Kunde kann dabei sogar zwischen unterschiedlichen Fonds wählen. Je nach Rendite- und Sicherheitsvorstellungen kann die Anlage in Renten- und Immobilienfonds oder in Aktienfonds erfolgen. Der Versicherungsnehmer erhält eine Fondspolice.

So funktioniert's:

siehe gemischte Lebensversicherung

Das kostet's:

Es werden keine Abschlussgebühren erhoben. Verwaltungskosten werden mit den Fondsanteilen verrechnet.

Und die Steuer?

Die Fondspolicen sind steuerlich bevorzugt: Wenn sie mindestens zwölf Jahre laufen, bleiben sämtliche Erträge steuerfrei. Das entspricht bei Rentenfonds einem merklichen steuerlichen Vorteil. Bei Aktienfonds zählt das Argument nur bedingt, da das Ergebnis weitgehend aus Kursgewinnen (nicht steuerpflichtig!) stammt.

AUF DEM PRÜFSTAND

Gemessen an den Kriterien der Anlagestrategie:

■ *Liquidität*

Über das Investmentguthaben kann man im Wesentlichen frei verfügen. Dies geschieht entweder in Form einer Vorauszahlung (zinsloses Darlehen) oder durch Entnahme von Anteilen. In den ersten zwölf Jahren sollte jedoch aus steuerlichen Gründen keine Entnahme von Anteilen stattfinden.

■ *Sicherheit*

Die Sicherheit der Versicherungsgesellschaften wird vom Bundesaufsichtsamt für das Versicherungswesen strengstens überwacht. Bei Aktien- und Immobilienfonds ist der Sparer an Sachwerten beteiligt. Damit ist er mit dieser Investitionsform weitgehend vor Inflationsrisiken geschützt.

■ *Rentabilität*

Fondsversicherungen auf Aktienbasis haben bisher am besten abgeschnitten. Dies muss jedoch nicht für alle Zukunft so bleiben. Wie auch die normalen Aktienfonds unterliegen sie dem ständigen Auf und Ab der Konjunktur.

Auch Fonds, die auf Immobilien oder Rentenwerten basieren, haben in der Vergangenheit durchaus gute Ergebnisse erzielt. Die Bandbreite der Rendite liegt zwischen 6 und 12 %.

Bewertung im Überblick

Liquidität	
Sicherheit	
Rentabilität	

Empfehlung für die Anlagestrategie:
Lebensversicherungen gehören zu jedem Anlagemix. Die fondsgebundene Lebensversicherung ist eine besonders gute Lösung, weil sie bei vorzüglicher Rendite Steuerfreiheit und Sicherheit, mit gewissen Abstrichen auch Liquidität bietet.

TIPP

Kann man wählen zwischen gemischter und fondsgebundener Lebensversicherung, sollte man Letztere wählen. Gewisse Einschränkungen sind bei Sparern anzubringen, die eine Lebensversicherung speziell für die Altersversorgung abschließen. Sie müssen natürlich damit

Daten zur Direktversicherung

Jahresbeitrag zur Direktversicherung (maximal)	3.408,00 DM
Pauschalversteuerung Einkommensteuer und Kirchensteuer	729,31 DM
Bruttoaufwand	4.137,31 DM
Steuerersparnis bei 30%igem Grenzsteuersatz	1.241,19 DM
Steuerersparnis bei 40%igem Grenzsteuersatz	1.654,92 DM

rechnen, dass die Versicherungsleistung überraschend gering ausfällt, wenn die Aktienkurse plötzlich gefallen sind. In diesem Fall sollte man zumindest gemischte und fondsgebundene Lebensversicherungen sinnvoll mischen.

Eine absolut empfehlenswerte Alternative ist die **Direktversicherung**.

In der Praxis ist es mit der steuerlichen Absetzbarkeit von Versicherungsprämien nicht weit her. Die gesetzlichen Beiträge zur Renten- und Arbeitslosenversicherung verbrauchen den größten Teil der Vorsorgebeträge. Bei Ledigen reicht für die komplette Inanspruchnahme bereits ein Bruttojahresgehalt von 28.000, bei Verheirateten von 57.000 DM.
Will man dennoch in den Genuss von Steuervorteilen kommen, bittet man seinen Arbeitgeber um eine Umwandlung von Gehaltsanteilen in eine Direktversicherung. Statt die Versicherungsprämie aus dem versteuerten Einkommen zu bezahlen, wird ein Teil des Bruttogehalts in eine Versicherungsprämie umgewandelt. Anstelle der individuellen Versteuerung wird sie durch den Arbeitgeber pauschal mit 20 % versteuert. Damit ergibt sich eine Minderung der Steuerbelastung, die aus dem Unterschied zwischen dem individuellen und dem pauschalen Steuersatz resultiert. Außerdem sind diese Beträge sozialversicherungsfrei. Vorteile bietet die Lebensversicherung auch dem Arbeitgeber, denn die Direktversicherungsbeträge sind abzugsfähige Betriebsausgaben und mindern den zu versteuernden Gewinn.
Dieses Modell hat jedoch seine Grenzen. Der umgewandelte Teil des Gehalts darf jährlich 3.400 DM nicht übersteigen.

Zusammenfassung: alle Geldanlagen im Überblick

Um einen Vergleich zwischen den einzelnen Geldanlagen zu erhalten, versuchen wir, sie in einer übersichtlichen Darstellung vollständig aufzuführen (siehe Seite 145). Wir berücksichtigen dabei, wie bereits bekannt, die drei Bewertungskriterien:

- Liquidität,
- Sicherheit,
- Rentabilität.

Die Bewertung ist wie folgt gewählt:

–	negativ oder nicht vorhanden
o	niedrig, gering, schlecht
oo	schon besser, einfach Mittelfeld
ooo	ausgezeichnet
(	wird hinzugefügt, wenn einmal halbe Punkte vergeben werden müssen
(o)	nach Steuern
(ooo)	einschließlich einer Inanspruchnahme der staatlichen Bausparförderung

Bewertung aller Geldanlagen auf einen Blick

Geldanlagen	Bewertungskriterien		
	Liquidität	Sicherheit	Rentabilität
Sparstrumpf	ooo	–	–
Girokonto	ooo	ooo	–
Sparbuch	oo	ooo	ɔ
Termingeld	oo	ooo	oo
Termingeld in ausländischer Valuta	oo	oɔ	ooɔ
FIBOR-Sparen	oo	ooo	oo
Sparbrief	o	ooo	oo
Bundesschatzbrief	oo	ooo	oo
Finanzierungsschätze	oo	ooo	oo
Bundesanleihen, -obligationen	ooo	oo	oo
Pfandbriefe, Kommunalobligationen	ooo	oo	oo
Industrieanleihen	ooo	oɔ	oo
Bankanleihen	ooo	oo	oo
Floater	ooɔ	oo	oo
Gleitzinsanleihen	ooɔ	oo	ooɔ
Zero-Bonds	o	oo	oo
Annuitäten-Bonds	o	oo	oo
DM-Auslandsanleihen	ooo	oɔ	oo
Fremdwährungsanleihen	ooɔ	o	ooɔ
Wandelanleihen	oɔ	oo	oo
Optionsanleihen	oo	oo	ooɔ
Genussscheine	o	oo	oo
Rentenfonds, deutsche	ooo	oo	oo
Rentenfonds, internationale	ooo	oɔ	oo
Geldmarktfonds	ooo	oo	oo
Aktien	ooo	o	–
Optionsgeschäfte	ooo	o	o
Aktienfonds, deutsche	ooo	oo	oo
Aktienfonds, internationale	ooo	oo	oo
Financial Futures	ooo	ɔ	–
Bausparen	ɔ	ooo	o (ooo)
Immobilien (Miete, Gewerbe)	o	ooo	o
Immobilienfonds, offen	ooo	ooo	oɔ
Immobilienfonds, geschlossen	–	ooo	oo
gemischte Lebensversicherung	o	oo	oo(o)
fondsgebundene Lebensversicherung	oo	oo	oo(o)

Die Anlagestrategie

Die persönliche Vermögens- und Finanzplanung

Wir haben bereits im ersten Teil dieses Buches ausgeführt, dass die persönlichen Voraussetzungen (Umstände einer bestimmten Lebensphase) direkt abhängig sind von der Entwicklung einer ganz persönlichen Vermögens- und Finanzplanung.

Die Voraussetzungen werden bestimmt von:
- Lebensalter, Familienstand;
- Einkommenshöhe, langfristige Sparfähigkeit;
- individuelle Steuersituation;
- Vermögen;
- Risikobereitschaft.

Die **Voraussetzungen** lassen sich in einer Frage zusammenfassen, die jeder Geldanleger für sich allein beantworten muss:

Wie viel kann und will ich sparen?

An zweiter Stelle stehen die **Ziele**. Der Geldanleger muss sich über seine Sparziele klar werden. Diese können lauten:
- eine größere (Konsum-)Ausgabe,
- eine Investition (Kauf eines Unternehmens),
- eine Altersversorgung,
- eine Vermögensbildung für seine Kinder,
- eine Sicherung der eigenen Selbstständigkeit (auch Unabhängigkeit),
- eine Vorverlegung der Pensionierung.

Zu diesen Zielen gibt es **Unterziele**, die bereits in die ersten strategischen Ansätze einmünden:
- möglichst wenig Steuern zahlen,
- möglichst hohe Zinsen erzielen,
- das erworbene Vermögen zu einem bestimmten Zeitpunkt zur Verfügung haben,
- eine Rückzahlung in immer gleichen Raten sicherstellen,
- das Geld möglichst kurzfristig zur Verfügung haben.

Wie kommt man zur Anlagestrategie?

1. Die persönlichen Voraussetzungen analysieren:
   Wie viel kann und will ich sparen?
2. Die bereits vorhandenen Geldanlagen analysieren:
   Welche Konten, welche Wertpapiere existieren bereits, welche Lebensversicherungen wurden bereits abgeschlossen?
3. Die persönlichen Ziele benennen:
   Worauf will ich sparen?
   Welches quantitative Sparziel (Vermögensbetrag) habe ich?
4. Welche Unterziele haben für mich Bedeutung?
   Rendite, Sicherheit, Liquidität, Steuern?
5. Welcher Risikotyp bin ich?

Schritte zur persönlichen Anlagestrategie

Die persönliche Anlagestrategie lässt sich selbstverständlich, so individuell sie letztendlich ausgeprägt ist, systematisieren und grafisch umsetzen.

Wir gehen von folgendem Schema aus:

Kontensparen

Immobilien	Renten	Aktien

Lebensversicherung

Dem Geldanlageschema liegen folgende Überlegungen zu Grunde:

- Jeder Geldanleger muss ein bestimmtes Maß an permanenter Liquidität besitzen. Diese verbirgt sich unter „Kontensparen". Der Geldanleger benötigt ein Girokonto. Er wird in die Situation kommen, Termingeld anzulegen (Parkplatz), sich mit LIBOR-Sparen zu beschäftigen oder sich in Geldmarktfonds (mit geringen Aufschlägen) zu engagieren. Kontensparen ist also (fast) immer eine kurzfristig orientierte Geldanlage mit hoher Liquidität.
- Jeder Geldanleger wird Lebensversicherungen abschließen. Damit kann er die steuerlichen Vorteile ausnutzen, gleichzeitig auch an die Sicherheit seiner Familie denken. Er kann zwischen gemischter und fondsgebundener Lebensversicherung wählen. Dem vorsichtigen Geldanleger ist eine Mischung zu empfehlen, der etwas mutigere Anleger hingegen kann sich mit ganzer Kraft in der fondsgebundenen Lebensversicherung engagieren.
- Unter „Immobilien" versteht man das Eigentum von Häusern und Grundstücken sowie die Investitionen in Immobilienfonds. Beteiligungen in Immobilien gelten als besonders sicher, werfen aber nicht die höchste Rendite ab. Die Wertentwicklung unterliegt keinen großen Schwankungen. Die Entscheidung, ob man in ein Haus oder in einen Immobilienfonds investieren soll, ist in den meisten Fällen nicht unter Renditegesichtspunkten zu treffen, sondern unter eher praktischen Gesichtspunkten. Immobilienfonds nehmen Arbeit ab (Vermietung, Renovierung, Buchhaltung). Außerdem kann man sich auch mit geringeren Geldbeträgen an Immobilienfonds beteiligen.
- Unter dem Stichwort „Renten" verstehen wir alle Anleihen des Bundes (auch Kommunalobligationen und Industrieanleihen), Rentenfonds und (oder) geldmarktnahe Fonds und Auslandsanleihen. Dabei verstehen wir Auslandsanleihen bereits als Risikopapiere.

„Die Mischung ist wichtig."

Unter dieser Überschrift kann man für den „normalen" Rentenanleger grundsätzlich eine indikative Empfehlung geben:

Bundesanleihen	45%
Rentenfonds	45%
Auslandsanleihen	10%

Selbst der risikobereite Anleger sollte nicht mehr als 10% Auslandsanleihen in sein Depot nehmen. Der nicht so mutige Anleger kann auch ganz auf sie verzichten.

▪ Den Aktienblock untergliedern wir in
1. Aktienfonds, Standardwerte (Einzelengagements) und
2. Optionen, Genüsse, Wandelanleihen oder
3. ähnliche spekulative Geldanlageformen.

„Die Mischung ist wichtig."

Dies ist bei Aktien besonders bedeutend. Eine Mischung für ein Aktiendepot könnte indikativ folgendermaßen aussehen:

Aktienfonds	45%
Einzelengagement	45%
Optionen	10%

Selbstverständlich kann man auch Aktienfonds und Einzelengagement als Einheit betrachten und zum Beispiel 90% auf Aktienfonds setzen. In spekulative Anlagen sollte man jedoch nicht mehr als 10% investieren.

„Die Mischung macht das Anlageergebnis aus."

Wichtig ist die übergeordnete Verteilung, also die Aufteilung zwischen Immobilien, Renten und Aktien. Zwischen den drei Anlageblöcken könnte man zunächst einen Gleichklang herstellen:

Immobilien	33%
Renten	33%
Aktien	33%

Aufgrund des persönlichen Risikoempfindens kann man dann die Aufteilung variieren. Je mutiger und risikobereiter, desto mehr auf Aktien setzen, je sicherheitsbewusster, desto mehr auf Renten und Immobilien setzen.

Die Aussagen zu Kontensparen und Lebensversicherungen lassen sich nicht ganz so allgemein treffen, da sie situationsabhängig sind.

Langfristig sollte man nicht zu viel Geld auf einem Konto verfügbar halten. Kurzfristig kann dies aber auch durchaus einmal 20% des Geldanlagevolumens ausmachen, wenn man zum Beispiel gezielt auf eine Zinssatzänderung wartet. Es kann also durchaus sinnvoll sein, einen größeren Betrag „in einer Parkposition" zu halten.

Der angemessene Betrag für eine oder mehrere Lebensversicherungen ist stark von der individuellen Familiensituation abhängig. Für die erste Absicherung einer Familie sollte man als Untergrenze eine Versicherungssumme von 100.000 DM ansetzen.

Aus diesen sehr allgemeinen Leitsätzen könnte man zu folgender generellen Aufteilung kommen:

Kontensparen 5%

Immobilien 28%	Renten 28%	Aktien 29%

Lebensversicherung 10%

Die Anlagestrategie ist selbstverständlich vom Anlagebetrag abhängig. Bezogen auf den jeweiligen Anlagebetrag versuchen wir eine Faustregel zu entwickeln:

1. Fall: Anlagebetrag 10.000 DM
Einen Betrag von 10.000 DM sollte man nicht aufteilen. Man sollte ihn relativ konservativ anlegen: Es empfehlen sich Rentenpapiere, unter Umständen auch Termingelder und Geldmarktfonds.

2. Fall: Anlagebetrag 100.000 DM
Auch 100.000 DM kann man nicht breit streuen. Es empfiehlt sich als Faustregel:

Immobilienfonds:	20.000 DM
Rentenfonds:	30.000 DM
Bundesanleihen:	20.000 DM
Aktienfonds:	20.000 DM
Aktien und Optionen:	10.000 DM

Das Risiko bleibt auf 10% beschränkt. 70% sind sehr sicherheitsbewusst angelegt.

3. Fall: Anlagebetrag 250.000 DM
Ab dieser Größenordnung ist es sinnvoll, über eine feinere Differenzierung nachzudenken. Eine Aufteilung könnte folgendermaßen aussehen:

FIBOR-Sparen oder Geldmarktfonds:	30.000 DM
Immobilienfonds:	40.000 DM
Bundesanleihen:	30.000 DM
Rentenfonds:	40.000 DM
Aktienfonds:	50.000 DM
Aktien, Einzelwerte:	20.000 DM
Optionen, Genüsse:	20.000 DM
Fonds in Auslandstitel:	20.000 DM

Risikoanlagen sind auf 10% beschränkt; insgesamt wurde konservativ investiert.

4. Fall: Anlagebetrag 500.000 DM

Termingelder, FIBOR-Sparen oder Geldmarktfonds:	70.000 DM
Immobilien (Eigentumswohnung oder Immobilienfonds):	130.000 DM
Rentenpapiere (Anleihen und Fonds):	150.000 DM
Auslandsanleihen:	20.000 DM
Aktien (Fonds und Einzelwerte):	110.000 DM
Optionen, Genüsse:	20.000 DM

Auch bei dieser Einteilung wurde die Risikoverteilung beachtet.

5. Fall: Anlagebetrag 1.000.000 DM

Termingelder, FIBOR-Sparen oder Geldmarktfonds:	100.000 DM
Immobilien	

(Eigentum oder
geschlossene
Immobilienfonds):   400.000 DM
Rentenpapiere
(Anleihen und Fonds):   250.000 DM
Auslandsanleihen: 20.000 DM
Aktien (Fonds und
Einzelwerte):   210.000 DM
Optionen, Genüsse: 20.000 DM

Durch den hohen Immobilienanteil ergab sich eine sehr sicherheitsbetonte Anlagestrategie.

Die Anlagestrategie ist natürlich auch vom Risikotyp abhängig. Wir variieren die Anlagemischung des Anlagebetrages 250.000 DM nach den Risikotypen:

Risikotyp A, sicherheitsbetont
FIBOR-Sparen oder
Geldmarktfonds: 30.000 DM
Immobilienfonds: 40.000 DM
Bundesanleihen: 30.000 DM
Rentenfonds: 40.000 DM
Aktienfonds: 50.000 DM
Aktien, Einzelwerte: 20.000 DM
Optionen, Genüsse: 20.000 DM
Fonds in
Auslandstitel: 20.000 DM

Risikoanlagen sind auf 10% beschränkt; insgesamt wurde konservativ investiert.

Risikotyp B, offen für viele Vorschläge
FIBOR-Sparen oder
Geldmarktfonds: 50.000 DM
Immobilienfonds: 20.000 DM
Bundesanleihen: 30.000 DM
Rentenfonds: 20.000 DM

Aktienfonds: 60.000 DM
Aktien, Einzelwerte: 30.000 DM
Optionen, Genüsse: 20.000 DM
Fonds in
Auslandstitel: 20.000 DM

Risikoanlagen bleiben auf 10% beschränkt; Aktien und geldmarktnahe Investitionen wurden zu Lasten der Rentenwerte verstärkt.

Risikotyp C, risikofreudig
FIBOR-Sparen oder
Geldmarktfonds: 50.000 DM
Immobilienfonds: 20.000 DM
Bundesanleihen: 20.000 DM
Rentenfonds: 20.000 DM
Aktienfonds: 60.000 DM
Aktien, Einzelwerte: 30.000 DM
Optionen, Genüsse: 25.000 DM
Fonds in
Auslandstitel: 25.000 DM

Die Risikoanlagen wurden erhöht; unter „Optionen" könnte man auch ein begrenztes Investment in Financial Futures anlegen. Die weitere Aufteilung konzentriert sich auf ein Engagement in Aktien.

Zusammengefasst noch einige grundsätzliche Tipps und Ratschläge für die Umsetzung einer persönlichen Anlagestrategie:

- Ein wenig Mut sollte man schon beweisen. Man kann sein Geld durchaus etwas längerfristig anlegen; man muss der Konjunkturentwicklung ein bisschen Vertrauen entgegenbringen. Auch wenn die Aktienkurse immer wieder einmal fallen, ist dies für den langfristig

- orientierten Anleger kein Alarm-signal.
- Natürlich muss man ausreichend Vorsorge treffen. Es hat keinen Sinn, alles Geld so langfristig anzulegen, dass man bei Unfall oder Krankheit mittellos ist. Wenn man weiß, dass man sich gerne auch etwas teurere Wünsche erfüllt, muss man mehr Geld kurzfristig anlegen.
- Je mehr Geld man für Anlage-zwecke zur Verfügung hat, desto mehr Geld kann man relativ liquide anlegen, um sich bei günstigen Gelegenheiten zu engagieren.
- In jeder Geldanlage steckt ein gewisses Maß an Risiko. Dieses kann man eingrenzen, je besser man Bescheid weiß. Will man sich verstärkt mit Geldanlagen beschäftigen, sollte man auf jeden Fall eine Finanzzeitschrift und eine Tageszeitung mit fundiertem Wirtschaftsteil abonnieren.

- Informationen bietet auch die Hausbank. Man sollte versuchen, ein gutes Verhältnis zu einem „Anlageberater" zu finden. Der laufende Kontakt ist wichtig. Deswegen sollte man aber „Nebenberater" nicht vernachlässigen. Es ist wichtig, umfassend (also auch von anderen Banken) informiert zu sein.
- Ein Angebotsvergleich ist nicht nur wichtig, wenn man sich ein Auto kauft, sondern auch, wenn man sich in einer bestimmten Geldanlage engagieren will. Vor dieser Mühe sollte man sich nicht scheuen. Die Zeit ist sicherlich gut investiert.
- Und noch einmal: „Die richtige Mischung macht den Erfolg." Man wird selbstverständlich nicht das gesamte Kapital auf eine Anlageart setzen, sondern das Risiko ausgleichen, mit anderen Worten, die Rendite mischen.

Glossar

Abzinsungspapiere:
Abzinsungspapiere werden zum Nennwert abzüglich der Zinsen verkauft. Der Zinsertrag wird folglich bereits beim Kaufpreis selbst berücksichtigt.

Agio (Aufgeld):
Das Agio ist ein Aufschlag auf den Nennwert eines Wertpapiers, der zusätzlich beim Kauf zu zahlen ist.

Aktien:
Aktien sind Wertpapiere oder Anteilscheine am Kapital einer Aktiengesellschaft. Siehe auch → *Stammaktien.*

Aktienfonds:
Aktienfonds sind Investmentfonds, die ausschließlich in Aktien investieren.

Aktienindex:
Der Aktienindex ist der Durchschnitt mehrerer Kurse ausgewählter Unternehmen. Der wichtigste deutsche Aktienindex ist der DAX (Deutscher Aktienindex). Siehe auch → *DAX.*

Anleihen:
„Anleihen" ist ein Sammelbegriff für alle fest und variabel verzinslichen Wertpapiere. Anleihen sind langfristige Kreditaufnahmen emissionsfähiger Schuldner.

Annuitäten-Bonds:
Bei normalen Anleihen erfolgt die Tilgung nach dem Ende der Laufzeit. Bei Annuitäten-Bonds erfolgt sie von einem bestimmten Zeitpunkt an nach einem bestimmten Tilgungsplan.

Baisse:
Einen längerfristigen Kursverfall an der Börse nennt man Baisse.

Bausparen:
Das Bausparen ist ein Ansparmodell, das von speziellen Instituten, den Bausparkassen, angeboten wird. Es wird ein gewisser Betrag angespart; die Gesamtsumme steht dem Sparer nach einiger Zeit als zweckgebundener Kredit zur Verfügung.

Beleihungsmöglichkeit:
Wenn eine Geldanlage nicht kurzfristig gekündigt werden kann, besteht in den meisten Fällen die Möglichkeit, diese als Sicherheit für einen Kredit einzusetzen.

Bezugsrecht:
Unter Bezugsrecht versteht man das Recht eines Aktionärs, junge Aktien zu erwerben.

Börse:
Die Börse ist ein Handelsplatz für Wertpapiere, aber auch für Devisen, Waren oder Terminkontrakte. An der

Börse treffen sich Angebot und Nachfrage, außerdem werden Kurse definiert und damit Geschäftsabschlüsse getätigt.

Bundesobligationen, -schatzanweisungen, -schatzbriefe:
Diese Wertpapiere sind Anleihen der Bundesrepublik Deutschland mit besonderen Merkmalen.

Bundesschuldenverwaltung:
Alle Bundeswertpapiere werden bei der Bundesschuldenverwaltung in Bad Homburg in das Bundesschuldenbuch eingetragen. Die Bundesschuldenverwaltung übernimmt kostenlos die Betreuung der Wertpapiere, die Gutschrift von Zinszahlungen sowie die Einlösung bei Fälligkeit.

BUND-Futures:
Siehe → *DAX-Futures.*

DAX:
Der Deutsche Aktienindex (DAX) notiert die Börsenwerte der 30 wichtigsten Aktiengesellschaften der Bundesrepublik. Der DAX gibt somit die allgemeine Börsenentwicklung wieder.

DAX-Futures:
DAX-Futures sind eine Form der Börsenspekulation. Bei Futures wollen die Geschäftspartner ausschließlich von Kursschwankungen profitieren. Gegenstand der Spekulation ist bei den DAX-Futures der DAX, bei den BUND-Futures sind es Bundesanleihen. Wer an steigende Aktienkurse glaubt, wird DAX-Futures kaufen, wer umgekehrt an sinkende Kurse glaubt, wird dieselben abstoßen.

Depotgebühren:
Depotgebühren fallen an, wenn man Wertpapiere von einer Bank verwalten lässt. Dabei sind die Kosten von Bank zu Bank recht verschieden. Siehe auch → *Bundesschuldenverwaltung.*

Deutsche Terminbörse:
Die Deutsche Terminbörse ist eine Computerbörse zur Abwicklung von Optionsaufträgen.

Devisen:
Devisen sind (Buch-)Geld in fremder Währung. Bargeld, auch Sorten genannt, fällt nicht unter diesen Begriff.

Devisentermingeschäft:
An den Devisenterminbörsen werden mit Devisen auch Termingeschäfte, so genannte Devisentermingeschäfte, abgeschlossen. Siehe auch → *Termingeschäft.*

Direktversicherung:
Unter Direktversicherung versteht man eine Lebensversicherung, die über den Arbeitgeber abgewickelt wird. Dabei wird ein Teil des Bruttogehaltes in eine Versicherungsprämie umgewandelt. Diese wird im Gegensatz zu dem entsprechenden Bruttogehaltsanteil mit 20 % versteuert.

Disagio:
Das Disagio ist ein „Abgeld" auf den Nennwert eines Wertpapieres. Um

diesen Betrag kann man das Wertpapier billiger erstehen.

Dividende:
Die Dividende ist der anteilige Unternehmensgewinn, den der Aktionär erhält.

Effektivzins:
Der Effektivzins berücksichtigt, dass viele Wertpapiere nicht zum Nennwert gekauft werden, sondern zu einem bestimmten Kurswert zu erwerben sind. Er korrigiert den Kaufwert und geht weiterhin davon aus, dass das Papier über die Restlaufzeit gehalten wird.

Emission:
Mit Emission bezeichnet man die Ausgabe von Aktien und Anleihen.

Euromarkt:
Der Euromarkt ist ein räumlich nicht abgrenzbarer internationaler Geld- und Kapitalmarkt. Es haben sich diverse Haupthandelszentren herausgebildet: London, Frankfurt, Hongkong, Singapur etc.

Ewige Anleihen:
Auch Perpetual genannt. Der Anleger erhält eine feste Zinszahlung, ein Laufzeitende steht jedoch nicht fest. Ewige Anleihen sind nur in Großbritannien üblich, in der Bundesrepublik sind sie nicht erlaubt.

Festgeld:
Eine befristete Einlage bei einer Bank bezeichnet man als Festgeld oder Termingeld.

Festverzinsliche Wertpapiere:
Das sind Anleihen aller Art, die über die gesamte Laufzeit mit einem festen Zinssatz ausgestattet sind.

FIBOR-Sparen:
FIBOR-Konten sind Geldmarktkonten, bei denen sich der vereinbarte Zinssatz an der Frankfurt Inter Bank Offered Rate (FIBOR) orientiert. Dies ist der Durchschnittszinssatz, zu dem sich die Banken in Deutschland untereinander Geld leihen.

Financial Futures:
Siehe → *Termingeschäft*.

Finanzierungsschätze:
Siehe → *Bundesobligationen*.

Finanzinnovationen:
Finanzinnovationen variieren die klassischen Merkmale einer Anleihe. Statt festem Zins wird z. B. ein variabler Zins eingeführt (siehe auch → *Umkehrfloater);* statt regelmäßiger Zinsausschüttung wird der Zins bereits beim Kaufpreis berücksichtigt (siehe auch → *Zero-Bonds);* statt fester Anlagedauer wird diese endlos verlängert (siehe auch → *Ewige Anleihen).*

Floater:
Das sind Anleihen mit variablem Zinssatz. Siehe auch → *Umkehrfloater.*

Floor:
Garantierter Mindestzins beim FIBOR-Sparen. Siehe auch → *FIBOR-Sparen.*

Fonds:
Siehe → *Aktien-, Renten- und Immobilienfonds.*

Fondsgebundene Lebensversicherung:
Die Prämien für eine fondsgebundene Lebensversicherung wandern in einen Investmentfonds. Die fondsgebundene Lebensversicherung ist eine empfehlenswerte Anlageform, da sie die guten Renditen der Investmentfonds mit den Steuervorteilen der Lebensversicherung verbindet.

Freistellungsauftrag:
Alle Gewinne aus Geldanlagen sind grundsätzlich steuerpflichtig. Der Zinsabschlag beträgt 30%. Der Antrag ist eine Befreiung vom Zinsabschlag bei jährlichen Zinseinkünften von bis zu 6.100 DM bzw. 12.200 DM (Freibetrag und Werbungskostenpauschale) möglich.

Geldmarkt:
Mit Geldmarkt bezeichnet man den telefonisch abgewickelten Geldhandel unter den Banken.

Geldmarktnahe Rentenfonds:
Diese Fonds können bis zu 49% ihres Fondsvermögens in Geldmarktpapieren investieren, der Rest wird in Wertpapieren mit kurzen Laufzeiten angelegt.

Genussscheine (Genüsse):
Das sind börsenmäßig gehandelte Wertpapiere, die in ihrer Ausprägung ein Mittelding zwischen Aktien und Anleihen darstellen.

Geschlossene Fonds:
Sie können nur bis zu einem gewissen Gesamtbetrag bezeichnet werden. Geschlossene Fonds spielen insbesondere eine Rolle als geschlossene Immobilienfonds.

Girokonto:
Ein laufendes Konto, auch Kontokorrent-Konto genannt, über das der Zahlungsverkehr abgewickelt wird.

Gleitzinsanleihen:
Gleitzinsanleihen sind für Anleger gedacht, die ihre Geldanlage unter Steuergesichtspunkten gestalten wollen. Das Besondere an dieser Anleihe ist die Gestaltung der Zinsen. Bei der Step-up-Anleihe wächst der Zinssatz kontinuierlich zum Ende der Laufzeit hin an. Bei der Step-down-Anleihe ist es genau umgekehrt. Diese Zinssätze kann man als Anleger der voraussichtlichen Steuerprogressionsentwicklung anpassen.

Gratisaktien:
Gratisaktien sind neue (kostenlose) Aktien. Damit erhöht sich der Anteil des Aktienbesitzers am Grundkapital des Unternehmens. Gratisaktien werden immer dann ausgegeben, wenn aufgrund einer guten Gewinnentwicklung die Rücklagen so angewachsen sind, dass sie in einem Missverhältnis zum Grundkapital (Aktienkapital) stehen. Siehe auch → *Stammaktien* sowie → *Vorzugsaktien.*

Hausse:
Unter Hausse versteht man einen längerfristigen Kursanstieg an der Börse.

Immobilien:
Grundstücke und Gebäude nennt man Immobilien.

Immoblienfonds:
Ein Immobilienfonds ist ähnlich strukturiert wie ein Investmentfonds. Er legt sein Vermögen aber in Immobilien an.

Industrieobligationen:
Anleihen, die von der Wirtschaft herausgegeben werden.

Inhaberaktien:
Inhaberaktien können ohne große Formalitäten den Besitzer wechseln. Wer immer die Aktie präsentiert, hat die damit verbundenen Rechte. Siehe auch → *Namensaktien.*

Investmentfonds:
Investmentfonds werden von Kapitalgesellschaften gegründet, die ihre Vermögensanteile an das breite Publikum der Sparer abgeben. Die Investmentfonds investieren entweder in Aktien oder in Anleihen.

Investment-Sparen:
Beim Investment-Sparen erhält die Fondsgesellschaft von vielen Anlegern Kapital und legt dieses wiederum an, indem Aktien, Obligationen oder Immobilien erworben werden. Grundgedanke ist bei dieser Art des Sparens die Risikobetreuung und

die professionelle Verwaltung des Fondsvermögens.

Investmentzertifikat:
Mit dem Kauf von Investmentzertifikaten erwirbt man Anteile am Vermögen eines Fonds, der breit gestreut in Aktien unterschiedlicher Branchen (auch verschiedener Länder) angelegt ist. Damit vermindert man sein direktes Risiko.

Junk-Bonds:
Festverzinsliche Papiere mit einem hohen Zinssatz und einer schlechten Bonität des Schuldners werden als Junk-Bonds oder als Ramsch-Anleihen bezeichnet. Die Renditen liegen hoch. Das Risiko ist jedoch entsprechend. Junk-Bonds sind deshalb nur für Profis zu empfehlen.

Kapitalmarkt:
Unter Kapitalmarkt versteht man den gesamten Handel mit langfristigem Kapital.

Kommunalobligationen:
Hiermit sind festverzinsliche Wertpapiere der Hypothekenbanken und Landesbanken gemeint.

Kontensparen:
Darunter versteht man das Sparen auf Bankkonten, in erster Linie auf das Sparkonto. Auch Sparpläne sind eine Form des Kontensparens.

Kündigungsgeld:
Festgelder mit einer flexiblen Gestaltung der Kündigungsfristen nennt man Kündigungsgelder. Banken bie-

ten Kündigungsgelder in der Regel ab 10.000 DM. Die Kündigungsfristen betragen meistens einen Tag, 48 Stunden oder sieben Tage. Es gibt aber auch längere Kündigungsfristen, zum Beispiel drei Monate.

Kurs-Gewinn-Verhältnis:
Das Kurs-Gewinn-Verhältnis (KGV) wird folgendermaßen berechnet: KGV = Kurs: Ergebnis je Aktie. Das Ergebnis dieser Rechnung ist der Betrag, den ein Anleger einsetzen muss, um eine Mark Gewinn zu erwirtschaften.

Kurswert:
Der Kurswert einer Aktie ist der an der Börse notierte Verkaufskurs. Zwischen Nennwert einerseits und Kurswert andererseits können größere Unterschiede bestehen. Siehe auch → *Nennwert.*

Kurzläufer-Rentenfonds:
Diese spezielle Art von Rentenfonds investiert gezielt in festverzinsliche Wertpapiere mit kürzeren Laufzeiten und Restlaufzeiten, die sich in der Regel zwischen einem und maximal fünf Jahren bewegen.

Laufzeitfonds:
Diese Fonds investieren wie die Rentenfonds in festverzinsliche Wertpapiere. Allerdings stellen sie den Verkauf von Anteilen normalerweise nach einer bestimmten Frist ein oder behalten sich vor bei ungünstiger Marktentwicklung (zum Beispiel bei stark sinkenden Zinsen) den Anteilabsatz auszusetzen.

Lebensversicherung:
Die Lebensversicherung ist eine Kombination von Risikoversicherung und Kapitalanlage. Man nennt diese Form auch gemischte Lebensversicherung. Die Familie des Versicherten erhält im Todesfall eine festgesetzte Summe. Im Erlebensfall erhält der Versicherte zusätzlich zur Todesfallsumme noch einen Gewinnanteil. Siehe auch → *fondsgebundene Lebensversicherung.*

LIBOR:
Die London Inter Bank Offered Rate (LIBOR) ist der Durchschnittszinssatz, zu dem sich Banken am Bankenplatz London untereinander Geld leihen. Siehe auch → *FIBOR-Sparen.*

Liquidität:
Die Liquidität einer Geldanlage ist die grundsätzliche Möglichkeit, einen angelegten Geldbetrag wieder in Bargeld umzuwandeln. Sie wird durch folgende Faktoren bestimmt: Mindestanlagebetrag, Laufzeit, Kündigungsmöglichkeit, Beleihungsmöglichkeit und Verkaufsmöglichkeit.

Mündelsicherheit:
Unter mündelsicheren Geldanlagen versteht man Anleihen von Bund, Ländern und Gemeinden. Sie gelten als besonders sicher und dürfen für die Anlage von Geldern für bevormundete Personen genutzt werden.

Namensaktien:
Die Namensaktien sind auf den Namen des Inhabers ausgestellt und im Aktienbuch der Gesellschaft einge-

tragen. Der Eigentums- und Besitzwechsel ist sehr umständlich. Siehe auch → *Inhaberaktien.*

Nennwert:
Der Nennwert einer Aktie ist auf dem Aktienformular verzeichnet. Er liegt in der Regel bei 50 DM. Nennwert und Kurswert einer Aktie können gegebenenfalls weit auseinanderliegen. Siehe auch → *Kurswert.*

Nominalverzinsung:
Der Nominalzinssatz ist der Zinssatz, der sich auf den Nennwert eines Wertpapiers bezieht. Der Nominalzins ist auch die Basis für die Einkommensteuer.

Nullkupon-Anleihen:
Siehe → *Zero-Bonds.*

Obligationen:
Obligationen sind Anleihen. Siehe auch → *Anleihen.*

Offene Fonds:
Offene Fonds sind die derzeit übliche Form von Fonds. Im Allgemeinen kann man sich bereits mit einem geringen Betrag an solchen Fonds beteiligen. Die Gesamtanlagesumme von offenen Fonds ist nicht nach oben begrenzt.

Optionsanleihen:
Unter diesem Begriff versteht man Anleihen mit einem Optionsrecht. Siehe auch → *Optionsgeschäft.*

Optionsgeschäft:
Termingeschäfte sind Optionsgeschäfte (Warrants). Die Option ist ein Anrecht auf Aktien oder Devisen in der Zukunft. Siehe auch → *Termingeschäft.*

Optionsschein:
Unter Optionsschein versteht man das Optionsrecht von Optionsanleihen.

Order:
Als Order bezeichnet man einen Börsenauftrag.

Pfandbriefe:
Pfandbriefe sind festverzinsliche Wertpapiere der Hypothekenbanken, Landesbanken und Pfandbriefanstalten.

Quellensteuer:
Darunter versteht man den Steuerabzug auf Zinserträge „an der Quelle".

Ramsch-Anleihen:
Siehe → *Junk-Bonds.*

Realzins:
Der Realzins ergibt sich, wenn man vom Effektivzins die Inflationsrate abzieht. Siehe auch → *Effektivzins.*

Rentabilität:
Unter Rentabilität versteht man den Erfolg einer Geldanlage im Verhältnis zum Einsatz.

Rentenfonds:
Darunter versteht man Investmentfonds, die ihr Vermögen in Anleihen investieren.

Reversed Floater:
Siehe → *Umkehrfloater.*

REX:
Der deutsche Rentenindex (REX) wird täglich von der Frankfurter Wertpapierbörse veröffentlicht. Dieser Index basiert auf den Schlusskursen eines Depots von 30 gängigen öffentlichen Anleihen. Siehe auch → *REXP.*

REXP:
Der REX-Performance-Index (REXP) soll einen besseren Überblick über den Rentenmarkt verschaffen als der REX. In den REXP fließen nicht nur die Kurswerte der einzelnen Anleihen ein, sondern auch die gezahlten Zinsen. Aus beiden Komponenten errechnet sich der wahre Erfolg eines Investments am Rentenmarkt. Siehe auch → *REX.*

Sachwertanlage:
Eine Anlage in Sachwerten, wie zum Beispiel Immobilien oder auch Kunstgegenstände, nennt man Sachwertanlage.

Schuldverschreibung:
Darunter versteht man die Urkunde für Anleihen aller Art.

Sparbrief:
Sparbriefe sind von Banken und Sparkassen herausgegebene Anlagepapiere mit unterschiedlichster Laufzeit.

Sparbrief, abgezinst:
Beim abgezinsten Sparbrief werden alle Zinsen, die während der Laufzeit anfallen, bereits vom Kaufpreis abgezogen.

Sparbrief, aufgezinst:
Beim aufgezinsten Sparbrief werden die Zinsen einbehalten und am Ende der Laufzeit mit Zinseszinsen zusammen mit dem Anlagebetrag ausbezahlt.

Sparbrief, normal verzinslich:
Beim normal verzinslichen Sparbrief werden die Zinsen halbjährlich oder jährlich nachträglich ausbezahlt. Den Nominalbetrag erhält man am Ende der Laufzeit zurück.

Sparbrief, zinsvariabel:
Die Zinsen des zinsvariablen Sparbriefs unterliegen einem steigenden Zinssatz. Die Steigerungsrate der Zinsen wird für die gesamte Laufzeit festgelegt.

Sparbuch:
Gut ein Viertel des gesamten Geldvermögens der Bundesbürger ist in Sparbüchern festgelegt.

Spekulationsfrist:
Spekulationsgewinne sind steuerpflichtig. Unter Spekulationsgewinnen versteht man einen Wertzuwachs, der innerhalb eines halben Jahres entsteht und durch einen Verkauf in dieser Zeit realisiert wird.

Dies kann insbesondere bei Geldanlagen in Aktien denkbar sein.

Spezielle Fonds:
Spezielle Fonds können sich auf Aktien in den USA oder in Südostasien sowie auf festverzinsliche Wertpapiere mit kurzer Laufzeit beschränken. Sie bergen daher ein erhöhtes Risiko in sich.

Staatliche Sparförderung:
Das System der staatlichen Sparförderung beruht im Wesentlichen auf drei Säulen: der vermögenswirksamen Leistung durch den Arbeitgeber, der Arbeitnehmer-Sparzulage und den bekannten Bausparprämien.

Stammaktien:
Stammaktien werden zu normalen Bedingungen abgegeben. Mit ihnen erwirbt man das Recht auf Dividendenzahlung, das Bezugsrecht bei Kapitalerhöhungen und das Recht auf Stimmabgabe bei der Hauptversammlung. Siehe auch → *Vorzugsaktien* und *Gratisaktien.*

Step-down-Anleihe:
Siehe → *Gleitzinsanleihen.*

Step-up-Anleihe:
Siehe → *Gleitzinsanleihen.*

Tafelgeschäft:
Unter Tafelgeschäft versteht man ein Schaltergeschäft oder Bargeschäft in Wertpapieren.

Tagesgeld:
Darunter versteht man ein täglich abrufbares Guthaben auf einem Bankkonto.

Termingeld:
Termingeld wird der Bank für eine bestimmte Laufzeit anvertraut. Die Mindestanlagesumme beträgt 10.000 DM. Die Laufzeiten beginnen mit einem Monat und lassen sich bis zu einem Jahr nahezu beliebig verlängern.

Termingeschäft:
Geschäftsabschlüsse in Wertpapieren oder auch Waren, die erst zu einem späteren Zeitpunkt realisiert werden.

Thesaurierender Fonds:
Bei Fonds ist eine regelmäßige Ausschüttung der Erträge üblich. Bei thesaurierenden Fonds wird der Betrag einbehalten und neu angelegt. Der Anleger muss sich also keine Gedanken über die Wiederanlage der Erträge machen.

Umkehrfloater:
Im Gegensatz zu normalen Floatern fällt der Zins beim Umkehrfloater (Reversed Floater) nicht zusammen mit den Geldmarktsätzen, sondern verhält sich genau umgekehrt. Die Umkehrfloater sind mit einem festen Ausgangszins ausgestattet, von dem der jeweilige Geldmarktzins abgezogen wird. Der Zins des Umkehrfloaters steigt also, wenn der Zins am Geldmarkt fällt oder umgekehrt.

Vermögenswirksame Leistungen:
Siehe → *staatliche Sparförderung.*

Vorzugsaktien:
Die Vorzugsaktie schließt in den meisten Fällen das Stimmrecht aus, dafür wird häufig eine Mindestdividende angeboten. Siehe auch → *Stammaktien* und *Gratisaktien.*

Währungsanleihen:
Anleihen, die nicht auf DM lauten.

Währungskonto:
Ein Währungskonto kann bei jeder deutschen Bank eingerichtet werden. Das Geld wird in Fremdwährung umgerechnet und entsprechend den Regeln für Festgeld und Kündigungsgeld festgelegt.

Wandelanleihen:
Wandelanleihen sind festverzinsliche Wertpapiere mit einem Umtausch- oder Wandelrecht in Aktien der emittierenden Aktiengesellschaft.

Warrants:
Siehe → *Optionsgeschäft.*

Wertpapier:
Wertpapiere sind alle in Urkunden verbrieften Forderungen und Rechte. Sie werden auch Effekten genannt.

Zero-Bonds:
Unter Zero-Bonds oder Nullkupon-Anleihen versteht man Anleihen, bei denen keine Zinsen in einem regelmäßigen Rhythmus vergütet werden. Die Zinsen werden angesammelt und mit dem Rückzahlungsbetrag am Ende der Laufzeit vergütet.

Register

Aktie   104
Aktienfonds   93, 97, 104, 120
Anlagestrategie   146
Anleihe   43
Annuitäten-Bonds   44, 73
Ansparplan   31

Bankanleihe   44, 63
Bausparen   125
Bezugsrecht   107
Bonussparen   28, 30
Bundesanleihe   44, 54
Bundesobligation   54
Bundesschatzbrief   43, 49
Bundesschuldenverwaltung   51, 57

Direktversicherung   143
Dividendenrendite   106
DM-Auslandsanleihe   44, 76

Ewige Anleihe   44, 65, 75

Festgeld   33
FIBOR-Sparen   40
Financial Futures   124
Finanzierungsschatz   42, 52
Finanzinnovation   44, 65
Floater   44, 65, 66
Fonds   93
Fonds mit Zinsgarantie   103
Fremdwährungsanleihe   81

Geldanlage   8, 20
Geldmarktfonds   103
Geldmarktnaher Rentenfonds   102
Genussschein   44, 90

Girokonto   23
Gleitzinsanleihe   44, 65, 68
Gratisaktie   108

Immobilien   125, 130
Immobilienfonds   94, 133
Industrieanleihe   44, 61

Junk-Bonds   81

Kombi-Zins-Anleihe   69
Kommunalobligation   44, 59
Kündigungsgeld   33
Kurs-Gewinn-Verhältnis   107
Kurzläufer-Rentenfonds   101

Laufzeitfonds   103
Lebensversicherung   137
– fondsgebundene   141
– gemischte   138
Liquidität   13, 14
mündelsicher   47

Optionsanleihe   44, 88
Optionsgeschäft (Warrants)   114
Optionsschein   104

Pfandbrief   44, 59

Ramsch-Anleihe   81
Rendite   13, 18, 56
Rentabilität   13
Rentenfonds   44, 93, 97, 99
Rentenversicherung   141
Risiko   10, 13
Risikotyp   12

Sicherheit   16
Sparbrief   45, 48
Sparbuch   26
Sparplan   28
Sparstrumpf   21
Sparzertifikat   28
Step-down-Anleihe   68
Step-up-Anleihe   68

Tafelgeschäfte   73
Termingelder   33

Umkehrfloater   65

Wachstumssparen   28, 30
Währungsanleihe   44
Wandelanleihe   44, 83
Warrants   114

Zero-Bonds   44, 65, 71
Zinsänderungsanleihe   69
Zinsen   18
Zinszuwachsanleihe   65

Erfolg mit Aktien

Von Dr. Alf-Siebrand Rühle
192 Seiten, kartoniert
ISBN: 3-8068-2065-1
DM 29,90

- *Umfassende Einführung in den Börsenhandel: von Euro-Stoxx und Neue Märkte über Xetra bis Börsen-Links im Internet*

Von Dr. Alf-Siebrand Rühle
136 Seiten, kartoniert
ISBN: 3-8068-2277-8
DM 19,90

- *Aktienhandel von Anfang an: das wichtigste Börsen-Know-how für Einsteiger zum sofortigen Anwenden – mit umfangreichem Glossar zur „Börsensprache"*

Stand der Preise 1.1.1999 · Änderungen vorbehalten

Rechtzeitig vorsorgen

Von D. Rehahn, H.A. Reichel, W. Schöttler
192 Seiten, kartoniert
ISBN: 3-8068-**1847**-9
DM 24,90

- *Praxisorientierte Anregungen zu zentralen Fragen der finanziellen Absicherung und individuellen Vorsorge – mit Beschreibung aller vorhandenen Säulen der Altervorsorge*

Von A. Dembowski
192 Seiten, kartoniert
ISBN: 3-8068-2171-2
DM 24,90

- *Private Altersvorsorge mit Schwerpunkt Investmentfonds auf dem neuesten Stand: aktuelle Infos und Tipps für eine persönliche Anlagestrategie*

Stand der Preise 1.1.1999 · Änderungen vorbehalten

Alles über

Vermögensbildung ....

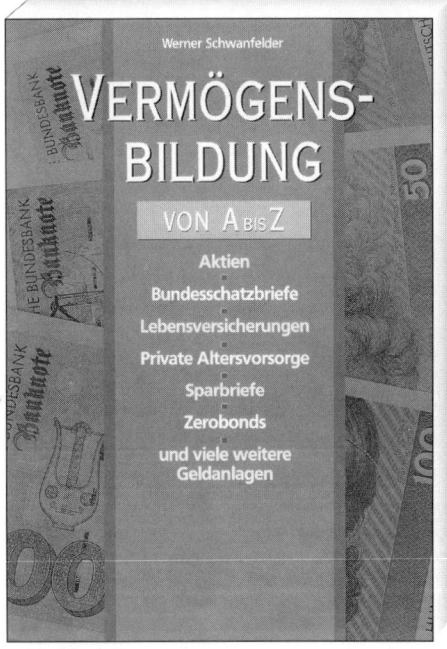

Von W. Schwanfelder
184 Seiten, kartoniert
ISBN: 3-8068-**1885**-1
DM 19,90

- *Praktisches Nachschlagewerk und umfassende Anleitungshilfe zu allen Formen der Geldanlage – mit Erläuterungen und Bewertungen*

Von A. Noah
176 Seiten, kartoniert
ISBN: 3-8068-2070-8
DM 29,90

- *Ausführliche Informationen zum Thema Immobilienbesitz im Ausland – mit einer Analyse der Standorte und der Bedingungen in den 13 wichtigsten Ländern*

Stand der Preise 1.1.1999 · Änderungen vorbehalten

Vermögensbildung mit Immobilien ....

Von H. Große
200 Seiten, kartoniert
ISBN: 3-8068-**1892**-4
DM 24,90

- *Wichtige Entscheidungshilfen für die mit dem Hauskauf verbundenen Beratungsgespräche und Verhandlungen zur erfolgreichen Finanzierungsstrategie*

Von H. Große
208 Seiten, kartoniert
ISBN: 3-8068-**2172**-0
DM 19,90

- *Erörterung der wichtigsten finanziellen, steuerlichen und juristischen Regelungen für den reibungslosen Wohnungskauf*

Stand der Preise 1.1.1999 · Änderungen vorbehalten